AF232542

HENRI TRICARD

SCOLASTIQUE DE LA COMPAGNIE DE JÉSUS

1859-1890

SOUVENIRS RELIGIEUX ET LITTÉRAIRES

RECUEILLIS PAR

LE R. P. LONGHAYE

DE LA MÊME COMPAGNIE

PARIS

LIBRAIRIE RETAUX-BRAY

VICTOR RETAUX ET FILS, SUCCESSEURS

82, RUE BONAPARTE, 82

—

1891

HENRI TRICARD

OUVRAGES DU MÊME AUTEUR

THÉORIE DES BELLES-LETTRES. — L'âme et les choses dans la parole. 2e édition. 1 vol. in-8º . . . . 7 fr. 50

LA PRÉDICATION. — Grands maîtres et grandes lois. 1 vol. in-8º . . . . 7 fr. 50

LÉON BESNARDEAU, Scolastique de la Compagnie de Jésus. 2e édition. 1 vol. in-18 jésus. . . . . 2 fr. 50

THÉATRE CHRÉTIEN. — 2 vol. in-8º . . . . 12 fr. »

On vend séparément les pièces suivantes :

Tragédies en vers, format in-16 : *Connor O'Nial* (5 actes). — *Les Flavius* (5 actes). — *Helvetia* (4 actes). — *Campian* (5 actes). — *Canossa* (3 actes). — *Bouvines* (3 actes). 0 fr. 40 chacune. — *La Confédération de Bar* (5 actes). . . . . 0 fr. 60

Comédies en un acte et en vers, format in-16 : *Richelieu, homme de lettres.* — **A Ferney.** Chacune. 0 fr. 40

EMILE COLIN — IMPRIMERIE DE LAGNY

HENRI TRICARD

SCOLASTIQUE DE LA COMPAGNIE DE JÉSUS

1859-1890

SOUVENIRS RELIGIEUX ET LITTÉRAIRES

RECUEILLIS PAR

LE R. P. LONGHAYE

DE LA MÊME COMPAGNIE

PARIS

LIBRAIRIE RETAUX-BRAY

VICTOR RETAUX ET FILS, SUCCESSEURS

82, RUE BONAPARTE, 82

—

1891

Tous droits réservés.

A dix-neuf ans, Henri Tricard se donnait à Dieu en embrassant la vie religieuse. A trente ans, avec la pleine conscience d'un talent supérieur et la perspective d'un apostolat utile, à la veille du sacerdoce passionnément désiré, il acceptait sans se plaindre une mort qui tranchait d'un coup tant d'espérances. Que Dieu pèse et couronne ces deux mérites ! A vrai dire, parmi les jeunes chrétiens, le premier n'est pas encore tout à fait rare, et, parmi les jeunes Religieux, le second n'est que trop fréquent, hélas ! Aussi n'aurait-on vu de part ni d'autre matière à biographie, et les souvenirs que je recueille seraient demeurés dans l'ombre si l'édification seule était en jeu.

Mais ce jeune homme n'a pas été seulement un Religieux digne, en quelques points, d'être offert en exemple. La Providence lui avait donné en outre une intelligence éminente, des aptitudes exceptionnelles. Poëte de race, philosophe plus encore peut-être, il promettait un homme supérieur. N'y aurait-il donc pas de la part de la Compagnie une sorte d'ingratitude à laisser périr la mémoire du grand talent que Dieu nous avait confié et qu'il lui a plu de nous reprendre? J'ai la consolation de n'être pas seul à le penser.

Un rapide tableau de cette existence toute simple, une brève étude de cette âme et de ce talent : voilà tout mon dessein. Je compte user largement de l'œuvre poétique pour faire connaître l'homme. En dehors des extraits et citations intercalés au cours du récit, je donne, en forme d'appendice, quelques pièces inédites et sévèrement choisies.

Souvenirs religieux et littéraires : ce titre dit bien le caractère du présent opuscule, mais encore, si je ne me trompe, celui de mon modeste héros.

En lui, le poète et le Jésuite, le talent et la vocation, la vie de l'intelligence et celle de l'âme ont marché de pair, rarement en conflit d'intérêts, d'ordinaire en parfaite harmonie et finalement se complétant et se fortifiant par leur concours. Si l'on cherche ici quelque enseignement, j'estime qu'on le trouvera surtout dans cette féconde alliance. On verra que le surnaturel n'étouffe pas, ne comprime pas la nature; que, tout au contraire, il la conserve, l'utilise et l'embellit.

Cantorbéry, 21 juin 1891.

HENRI TRICARD

PREMIÈRE PARTIE

LA VIE

I

Henri Tricard naquit à Malicorne dans la Sarthe, le 26 mai 1859. Plus tard, une coïncidence imprévue devait lui rendre cette date spécialement chère. « Un jour, disait-il, elle ramènera la fête de nos Pères martyrs. » C'est en effet le 26 mai 1871 que le P. Olivaint, ses deux compagnons jésuites et les autres otages furent massacrés rue Haxo.

Henri naissait faible au point de sembler à peine viable. Il vécut cependant, et dès lors sa mère le destina autant qu'elle pouvait le faire au service de Dieu. Les inclinations de l'enfant parurent vite encourager ce vœu maternel. La religion fut le premier objet de la curiosité à la fois ardente et réfléchie qu'il montra de bonne heure et qui lui resta sa vie entière.

En même temps commençait à poindre cette particulière dévotion à la très sainte Vierge que nous retrouvons jusqu'au bout affectueuse et simple comme aux premiers jours. A trois ans, il attendait impatiemment la fin des offices pour courir à l'autel de Marie. Là il se tenait quelque temps immobile, considérant avec gravité les moindres détails. Puis venait le flux des questions. « Explique, explique, » disait-il à sa mère avec l'ardeur vive et quasi impérieuse de son âge.

Dès qu'il sut lire, ce fut une passion. Lui-même racontait en riant une naïveté de ce temps-là. Il avait ouï dire que la lumière quitte plus tardivement les lieux hauts. En conséquence, quand il voyait le jour baisser, il montait à l'étage supérieur ou plus simplement sur un tas de fagots pour pouvoir fermer le livre un moment plus tard.

Ce goût d'apprendre était d'ailleurs contrarié par

une opiniâtre maladie des yeux qui ne céda qu'au traitement le plus énergique et laissa Henri myope pour le reste de ses jours. Ne plus travailler, ne plus lire : l'enfant n'eût pas imaginé pire sacrifice. Il en souffrait cruellement, il conjurait sa mère de lui dire que cette impuissance aurait un terme, et si parfois on le surprenait en flagrant délit de lecture : « Ne me gronde pas, disait-il ; je suis si malheureux ! »

Tout concourait à développer les côtés sérieux de son esprit. Fils unique, vivant entre sa mère et un père toujours malade, faible et maladif lui-même, on peut dire qu'il n'eut pas d'enfance. Du moins rien ne compromit la sérénité de son âme et l'aménité de son caractère. Toujours grave, il n'eut jamais l'humeur triste, et ceux qui l'ont fréquenté l'ont connu fort capable de s'égayer en les égayant eux-mêmes.

Il fit sa première communion deux jours après la mort de son père. Que se passa-t-il dans cette jeune âme partagée entre la joie et le deuil ? Au témoignage de sa mère, sa joie fut profonde et recueillie ; peut-être même Dieu fit-il entendre dès lors son premier appel. Quelques années plus tard, le jeune Jésuite retraçait en vers le journal d'une vocation, tableau idéalisé sans doute mais où la part des sou-

venirs personnels est manifeste. Or, la première
date inscrite est celle de la première communion.

On me parlait d'ardeurs, de transports et de flamme.
J'attendais tout cela, mon Dieu. — Je me trompais.
Non, c'est un grand silence enveloppant mon âme,
Tous mes sens recueillis, et tout mon cœur en paix...

Ce soir, quand nous allions nous donner à Marie,
J'ai longtemps contemplé son image chérie.
La Vierge tend son Fils ; l'Enfant ouvre les bras.
Elle m'offre Jésus ; lui m'appelle et m'attire.
Que veulent-ils tous deux ? Je ne saurais le dire,
Mais le moment fut doux. — Je ne l'oublierai pas.

II

Le père et la mère d'Henri s'étaient trouvés d'accord pour souhaiter de le confier aux Jésuites. Mais comment faire ? On ne pensait pas à l'éloigner, et la Compagnie n'avait pas d'établissement dans le voisinage. La Providence y pourvut. Le mal d'yeux que nous savons retarda les études de l'enfant. Dans l'intervalle, nous recueillîmes à Sainte-Croix du Mans l'héritage abandonné de M. l'abbé Moreau. Madame Tricard, devenue veuve, s'établit en ville et Henri devint élève externe au mois d'avril 1873.

Il entrait en cinquième et, dès la première distribution des prix, tels furent ses petits triomphes, qu'il eut peine à les comprendre. Il se figura même naïvement qu'il pouvait y avoir méprise et se crut un moment obligé en conscience de provoquer une nouvelle enquête. On ne s'était point trompé cependant. Un an plus tard, un nouveau supérieur, prenant le gouvernement du collège, pensa que l'écolier hors ligne pouvait gagner du temps en abrégeant la carrière normale des études. Il tint bon contre les alarmes du fils et de la mère et Henri passa en humanités sans avoir fait sa troisième. Outre ce désavantage, il trouvait dans sa nouvelle classe plus d'un concurrent distingué. Malgré tout, le succès lui resta fidèle jusqu'à la fin de ses études, succès du meilleur aloi et véritablement hors de pair.

Il a dit lui-même dans son *Métastase* :

Souvent l'enfant prodige est un sot à trente ans.

Henri Tricard n'avait, Dieu merci, rien de ce type. Talent vrai, aussi sérieux que facile, il eut le bon sens et le courage de contenir et de féconder par le travail ce don redoutable de la facilité. Chez lui, du reste, les qualités de l'âme valaient celles de l'esprit. Son Recteur atteste n'avoir jamais connu à Notre-Dame de Sainte-Croix « élève plus laborieux, plus régulier, plus pieux, plus intelligent, plus modeste. » Ses camarades pensaient de même.

Quelques rieurs l'appelaient à cause de sa gravité
« le Père Éternel », mais son vrai surnom populaire était « le bon Tricard. » Bon, il le fut par
nature, par vertu aussi, et non pas toujours sans
mérite, d'une complaisance inépuisable, capable
de sacrifier largement à un condisciple dans l'embarras ce qu'il avait, lui, de plus précieux : son
temps et la tranquillité de son travail.

Un autre sacrifice dut lui coûter davantage. Congréganiste le 12 février 1874, il fut élu, le 2 mai 1876,
préfet de la Congrégation, et dès lors on souhaita,
dans l'intérêt de son influence, que *d'externe libre*
il devînt *externe restant*, ce qui lui ferait prendre
part à la récréation commune du milieu du jour. Il
fallait donner l'exemple de l'ardeur au jeu et, pour
dire le vrai, rien n'était plus antipathique à sa
nature. Le nouveau *Préfet* s'exécuta bravement.
Ce fut plaisir de le voir payer de sa personne et se
commettre de son mieux dans la bagarre joyeuse,
avec sa taille déjà haute, son allure invinciblement
grave et sa myopie qui lui valait toutes les mésaven-
tures. On s'en égayait fort, mais on admirait, et
personne ne pouvait rester inerte quand on voyait
partir en guerre le « bon Tricard. »

Parmi ces études sérieuses et ces efforts de vertu,
il va sans dire que le poète commençait à poindre ;

et certes les premiers essais de son talent n'étaient
point vulgaires.

> Faire un sonnet dès longtemps est mon rêve ;
> Rêve trompeur, mirage décevant,
> Labeur ingrat, sans répit et sans trêve,
> Souvent tenté puis délaissé souvent.

> Allons ! Voici que la brise s'élève :
> Il faut livrer notre nacelle au vent.....
> A peine, hélas ! le premier vers s'achève,
> Que le vent tombe avec le vers suivant.

> Faire un sonnet, c'est un art que j'ignore
> Et le *phénix* est à trouver encore ;
> Mon fol orgueil enfin le reconnaît.

> Mais quoi ! Tandis que mon crayon retrace
> Les insuccès de ma stérile audace,
> Puis-je m'en croire ? Eh ! j'ai fait un sonnet !

Il n'en fit pas qu'un seul. En voici un autre de
tour plus ferme et d'inspiration plus élevée :

> En ces jours-là, parmi nous vint un ange.
> « Qu'avez-vous fait, ô mon frère, ici-bas ?... »
> — « Moi ? J'ai vécu, j'ai joui. » — « Dans la fange ! »
> L'ange frémit et ne s'arrêta pas.

« Et vous ? » — « Pour moi, j'ai cherché la louange
Et prétendu survivre à mon trépas. »
— « Pour vos labeurs triste et frivole échange ! »
L'ange frémit et poursuivit ses pas.

« Mais vous enfin, qu'avez-vous fait sur terre ? »
— « Mes jours ont fui dans l'ombre et le mystère ;
J'ai bien souffert et n'ai pas murmuré.

« Vivant de foi, d'amour et d'espérance,
J'ai béni Dieu jusque dans la souffrance. »
— « Venez ! Pour vous un trône est préparé. »

Henri soupçonnait-il que ces derniers vers seraient un jour sa propre histoire ?... En tout cas, il
savait déjà le prix de la douleur, témoin ce beau
distique isolé dans ses souvenirs de collège :

Pauvre âme, je te plains si rien ne t'a meurtrie.
Quand l'exil est trop doux, on en fait sa patrie.

III

Nous ne pourrons, faute de documents, suivre
les progrès de sa vocation religieuse. De fait, elle
ne devait surprendre personne : toutes les dispositions, toutes les allures de son âme semblaient
bien le mener là. Peut-être s'est-il souvenu de lui-
même quand il a fait dire à l'un des frères de saint
Bernard :

> Nulle voix, à mon oreille
> N'apporta l'ordre des cieux,
> Il est vrai ; nulle merveille
> Ne vint dessiller mes yeux.....
> Mais au ruisseau qui serpente
> Dans notre tiède vallon
> Dit-on de suivre sa pente ?.....

Je n'ai d'ailleurs aucun scrupule à combler cette

lacune en recourant à une autre pièce déjà citée. Esquissant l'idéal d'une vocation, il est bien impossible que le jeune poète n'ait pas largement exploité ce qu'il savait de la sienne. Or, on trouve là plus d'un détail instructif.

L'appel, confus mais sensible dès la première communion de l'enfant, se fait tout de nouveau entendre le jour de la consécration du congréganiste,

> Mère, votre Jésus me veut, je le devine.
> Oh ! oui, soyons à lui, rien qu'à lui, rien qu'à vous.

En tout cas, la voix d'en haut n'est point sévère ; dans l'âme appelée point d'enthousiasme aveugle, mais aussi point de tristesse, de désenchantement.

> Beaux rêveurs qui posez pour la mélancolie,
> La vie a, selon vous, de trop sombres couleurs.
> Moi, je hais vos pinceaux tout détrempés de pleurs.
> La vie ! Elle est charmante et riante et jolie.
> Je l'aime, j'aime tout, le pur éclat des fleurs,
> Le ruisseau babillard et l'ombreuse charmille
> Et la vieille maison, doux nid de la famille.....
> Tout cela, c'est vraiment le bonheur, il me semble.
> Chers trésors, je vous aime et d'un profond amour...

Le temps passe et, — progrès insensible, — cet amour si vivant est, non pas détruit, mais dominé par un autre.

> Je ne suis point blasé, Dieu merci, ni morose.
> Un plaisir s'offre à moi : comme on cueille une rose,
> Je le cueille et rends grâce à la divine main
> Qui voulut en fleurir un instant mon chemin.
> Comme autrefois, j'espère et je désire et j'aime.
> Mais le cœur de mon cœur, le centre de moi-même,
> S'est fermé, je le sens, à tout amour humain.
> Un hôte saint, jaloux, est là. Sa vigilance
> Ferme ce sanctuaire à tout profane bruit.
> Souvent quand ma gaîté se dissipe et s'élance,
> Il m'attire au-dedans, fait en moi le silence
> Pour l'entretien céleste où sa grâce m'instruit.

Les condisciples d'Henri ne doutaient pas qu'il dût suivre un jour la voie parfaite ; mais l'écolier grave et passionné pour l'étude leur semblait annoncer un Bénédictin plutôt qu'un Jésuite. Ils comptaient sans le zèle, ignorant ce qu'il y avait d'ardeur apostolique dans cette nature réservée parfois jusqu'à l'apparence de la froideur.

> Une âme, que c'est beau ! L'arracher à l'abîme !
> La rendre à Jésus-Christ, quelle tâche sublime !
> Le soir, quand le sommeil tarde à clore mes yeux,
> Je surprends ma pensée errante, vagabonde,

Qui dévore l'espace et s'en va par le monde,
Semant sur le chemin la prière en tous lieux,
Entourant de pitié, de tendresse profonde,
Ces frères inconnus dont les noms sont aux cieux.

Ainsi se développaient l'un après l'autre les éléments de la résolution finale. Dès 1877, elle était déjà bien arrêtée, mais combien réfléchie, paisible et fière !

Vous me raillez quand je m'enlace au chêne
Comme au soutien de mon infirmité. —
— La liberté qui librement s'enchaîne,
N'est-elle pas toujours la liberté?
— C'est, dites-vous, faiblesse, lâcheté.
Eh! que me fait votre acerbe critique?
La liberté qui librement abdique,
N'est-elle pas toujours la liberté? —

Toutefois, dans cette histoire de la vocation du jeune homme, voici peut-être ce qu'il y a de plus précieux à recueillir. Un de ses très rares confidents raconte qu'il le sonda un jour sur un point délicat. Pourquoi fuir le monde? Pourquoi se dérober à la vie? N'était-ce point par une certaine appréhension, sinon de ses charges, au moins de ses périls? A cette idée, Henri s'indigna : « Se donner à Dieu par crainte! Non, mille fois non. » Et il pro-

testa que sa raison décisive était l'amour. — A quatre
ou cinq ans de là, dans une de ses retraites spirituelles, il le redisait à Dieu même. « Ce n'est point
par terreur, par peur de l'enfer que je me suis fait
Jésuite; c'est pour vous donner ma vie, reconnaître
votre domaine, l'étendre sur moi au delà de ce que
vous exigez, le faire absolu, sans bornes. » Nous
avons donc tout droit de mettre encore à son compte
le sentiment qui éclate dans ces nobles vers.

... Vous m'écrivez : « Pourquoi cédez-vous à la crainte?
On évite l'enfer sans aller au couvent. »
— Voilà pour m'ébranler, n'est-ce pas? O savant,
Que vous raisonnez mal de cette chose sainte!
Écoutez, mon ami. Je vous en fais l'aveu,
Dans le siècle avec vous je resterais sans doute
Si la peur de me perdre en la commune route
Me jetait toute seule entre les bras de Dieu.
J'ai d'un ferme regard envisagé la vie.
Le monde? Je l'ai vu sans peur et sans envie. —
Vous triomphez alors ; vous me dites : « Pourquoi?
A ce choix insensé quel motif vous engage?
— Pourquoi? Parce qu'il est dans notre beau langage
Des mots qui jusqu'à l'âme entrent toujours en moi.
Se donner, s'immoler, dévouement, sacrifice!...
Me direz-vous comment et par quel artifice
Ils me font tressaillir d'un invincible émoi?
— Pourquoi dans mes projets, ami, je persévère!
C'est qu'il existe un mont qu'on nomme le Calvaire,

Mont sanglant où la croix se dresse dans le ciel,
Où près de mon Jésus je vois pleurer ma Mère.
C'est qu'un hôte adorable a visité la terre.
Immobile, muet, il se tient sur l'autel.
C'est que le Tabernacle enferme anéantie
La majesté de Dieu sous une frêle hostie,
Et que ce Dieu terrible est notre Emmanuel.
Puis son trône s'ébranle, il s'écroule en ruines
Et je suis à tout roi qu'on couronne d'épines ;
J'honore un diadème aux fleurons teints de sang.
Pourquoi je vais à Lui ! C'est qu'il semble impuissant,
C'est qu'il semble en vaincu s'abandonner lui-même ;
C'est qu'on le hait. Voilà, voilà pourquoi je l'aime.

Pour les siens aujourd'hui le monde est menaçant.
En suivant sa bannière, on provoque, on attire
La haine, les mépris, peut-être le martyre :
Le martyre !... Peut-être !... Espoir éblouissant !

Je suis fou, n'est-ce pas ? — ou ma raison s'oublie.
Quelque fatale ivresse a troublé mon esprit ?
— Je suis fou. Mais la croix, la croix est ma folie ;
Ivre, mais c'est de sang, du sang de Jésus-Christ.

Dès la fin de sa philosophie, Henri Tricard n'hésitait plus. Ne voyant d'ailleurs aucune raison d'attendre, il eût voulu entrer sans retard au noviciat ; mais on souhaita qu'il fît son cours de sciences. Il se résigna donc et passa courageusement une

année assez pénible entre sa mère dont il prolongeait ainsi le sacrifice et un directeur nouveau qui
jugeait meilleur de ne pas même l'écouter sur le
fait de sa vocation. Enfin, le 28 septembre 1878,
il était à Angers.

Novice! D'aujourd'hui! Jour plein comme une vie!
L'âme, de son bonheur débordante et ravie,
Le savoure en secret mais ne le conte pas.
Je n'écrirai qu'un mot. — Ici, dans la chapelle,
J'ai trouvé, souriante, aimable et maternelle,
Une Vierge semblable à la Vierge si belle
Qui jadis à mon cœur avait parlé tout bas.
J'entendais sans comprendre. O chère et sainte image,
Je comprends maintenant votre muet langage.
A votre appel d'alors je me rends aujourd'hui.
Tous deux de notre amour nous nous livrons un gage :
Vous me donnez Jésus et je me donne à Lui.

IV

Assurément Henri Tricard ne s'était pas représenté la vie religieuse comme une poésie : la déception aurait été prompte et cruelle. Si l'on avait tout d'abord apprécié le mérite du nouveau venu, ses apparences de santé, de vigueur même, avaient pu faire quelque illusion. L'illusion dura peu. Au bout de trois mois, la poitrine était gravement atteinte; la phtisie semblait même devoir en finir du premier coup; mais de fait ce n'était qu'un premier assaut; la lutte allait durer onze ans.

Le monde aurait peine à s'imaginer jusqu'où va pour un jeune Religieux l'amertume d'une telle épreuve. C'est l'avenir apostolique, c'est la vocation même qu'il voit menacés, remis en question au moment où l'âme y entre avec toute la ferveur de l'âge et du premier appel. Chez le Frère Tricard, — nous le nommerons désormais ainsi, — il y avait de plus une activité de nature, une ambition sainte d'esprit et de cœur et, si l'on veut, une promptitude exceptionnelle à imaginer et à sentir, trop bien faites pour aviver les angoisses de cette situation inattendue. A partir de ce moment, souffrir, craindre, se résigner, s'abandonner à Dieu, travailler d'ailleurs et se former quand même dans la mesure du possible : telle sera pour lui jusqu'au bout la voie providentielle et comme la forme propre de la perfection. Certes il ne l'eût pas choisie et il se l'était figurée toute autre.

Après quelques semaines passées à l'infirmerie du noviciat, les médecins parlèrent du Midi, de Pau. Le déplacement n'eût pas rompu le lien conditionnel qui l'attachait dès lors à la Compagnie ; mais il l'eût isolé de son maître spirituel et des nouveaux frères qui avaient déjà son cœur. On écarta cette solution redoutée ; le malade fut installé à Angers même, dans la maison hospitalière de Saint-Martin-la-Forêt. Sa mère vint l'y rejoindre et commencer là ce rôle de garde-malade qu'elle devait continuer dix ans, en Angleterre, à Jersey, à Paris, pour revenir consommer le sacrifice dans cette même maison de Saint-Martin où nous verrons le Frère mourir.

En même temps, sa famille religieuse ne l'abandonnait pas. Il était assidûment visité, consolé, ranimé de toutes manières par les novices, par le Père Maître. Un peu plus tard, le souvenir de cette charité lui inspirait des vers que je cite à l'honneur de sa reconnaissance, mais aussi comme types notables de ce don de poésie qui, sans recourir à la fiction, relève et embellit tout.

> Mon Père, tu venais à ce cœur désolé ;
> Tu venais, plus aimant qu'il ne saurait le dire.
> Doux rayon dans sa nuit, dans ses pleurs doux sourire,
>   Tu visitais ton exilé.
>
> Rien n'arrêtait ton cœur; ni la bise glacée
> Ni le chemin si long, ni la neige amassée.
>   Quand arrivait le jour accoutumé,
> Faible, que t'importait la froidure ou le givre?
>   Tu savais bien qu'il se sentait revivre
>   Sous ton regard aimé.
>
> Quand revint lentement sa force chancelante,
> Quand il put éprouver sa démarche tremblante ;
>   Le premier pas par ton fils essayé,
> (Sa mémoire a gardé cette image si chère),
>   Il le fit près de toi, bon Père,
>   Sur ton bras appuyé.

Il précisait encore avec la même fleur de langage une circonstance bien simple, mais à ses yeux inoubliable. Un matin de mai, le soleil brillait et invitait le convalescent à une promenade.

> ... J'allais, à son appel, quitter ma chambre obscure,
> Et faible, avec effort je mettais ma chaussure,
> Quand on entre sans bruit. — Mon Père, c'était vous.
> Vous voyez ma fatigue et, sur l'heure, à genoux,
> Le Père à son enfant, le Maître à son novice,
> Simplement, humblement rend cet humble service.
> A genoux devant moi, grand Dieu! Surpris, confus,
> Je n'osai même pas bégayer un refus.
> Confus! Oui, je l'étais, et comment ne pas l'être?
> Mais surpris! — J'avais tort: c'était mal vous connaître.

> Bientôt sur votre bras ayant posé ma main,
> Des jardins avec moi vous prîtes le chemin;
> Et nous allions ensemble, et vous, plein de tendresse,
> Père, vous mesuriez vos pas à ma faiblesse...

Quand le Frère Tricard eut repris un peu de force, la Providence lui ménagea une occupation conforme à ses goûts : elle le fit répétiteur de littérature. On lui donna pour élèves quelques jeunes gens qui, le noviciat fini, travaillaient à compléter leurs premières études. Un peu plus tard, il allait se trouver leur condisciple au Juvénat d'Aberdovey.

C'était en effet l'heure des premières entreprises contre la liberté chrétienne, l'heure des décrets et des expulsions à main armée. Le 30 juin 1880, le noviciat d'Angers était forcé, les jeunes religieux mis dehors. Quinze jours plus tard, ils se trouvaient tout de nouveau réunis sur le libre sol de l'Angleterre, au nord-ouest du pays de Galles, dans le petit bourg maritime d'Aberdovey.

Et qu'allait devenir le pauvre invalide de Saint-Martin ? Il n'avait pu les suivre dans leur émigration rapide ; il ne pouvait encore supporter les exigences de la vie commune. Ce fut un redoublement d'épreuve, un retour aux grandes angoisses du début. Mais le courage et la foi levèrent bientôt l'obstacle. Aberdovey était une station balnéaire à peu près abandonnée; on y trouvait quelques maisonnettes décentes et des appartements à louer. Il fut convenu que le malade et sa mère viendraient prendre gîte à quelques pas du Hall ou Casino depuis longtemps vide où campait la jeune colonie religieuse. Le voyage se fit sans trop de peine, et bientôt le frère Tricard se retrouvait à son poste; le principal était sauf.

V

Cependant les difficultés ne manquaient pas, ni
les tristesses. Dans ce pays perdu, parmi des habi-
tudes étrangères, la vie matérielle avait elle-même
bien des épines que le génie maternel s'épuisait
quelquefois vainement à écarter. Encore n'était-ce
rien au prix de l'angoisse morale. Etrange situation
que celle d'un novice externe, menant à demi la vie
de famille et prenant de la vie religieuse ce qu'il
pouvait. D'ailleurs les deux années réglementaires
étaient achevées; le Frère voyait ses contemporains
se fixer dans leur vocation par les premiers vœux.
Quant à lui, avec sa santé misérable, l'Institut ne
permettait encore pas de l'y admettre; il fallait donc
attendre la joie d'un engagement déjà si chèrement
acheté. Point de terme précis à l'attente, et que

savait-on ? — pas d'issue peut-être. L'âme tint bon sous l'épreuve, mais il y eut, durant le premier hiver surtout, bien des heures anxieuses, et le tête à tête continuel du fils et de la mère eut quelque peine à être gai toujours.

Bientôt cependant une autre Française, veuve comme madame Tricard et dont les deux fils vivaient au Hall, vint, elle aussi, suivre de plus près leur première formation religieuse. Elle partagea le logis du convalescent ; ce fut une diversion heureuse et comme un rayon dans cet intérieur que tant de préoccupations devaient par moments assombrir.

Mais la grande ressource du Frère était de vivre le plus possible au Noviciat, au Juvénat devrais-je dire, car le Juvénat venait d'être établi dans la maison d'Aberdovey, après avoir habité longtemps Saint-Acheul (1). Toujours novice officiellement, Henri Tricard suivit autant que possible les cours des Juvénistes de seconde année, puis de troisième. Tous les jours où la température ne lui défendait pas de sortir, il apparaissait régulièrement au milieu de la classe du matin, avec sa gravité souriante

(1) Le *Juvénat* est la communauté des jeunes Jésuites qui, après le Noviciat, se préparent à l'enseignement par des études littéraires supérieures.

et son allure majestueuse, et nous aimions à saluer son entrée d'une petite ovation fraternelle. On l'installait alors dans l'unique fauteuil qui fût à la maison — on l'avait loué pour la circonstance — et là, le répétiteur de Saint-Martin, redevenu écolier, écoutait, recueilli et comme replié sur lui-même, dans une attitude qui rappelait le lion au repos. De temps à autre pourtant il relevait vivement la tête, et le professeur se tenait pour averti de résoudre une objection ou de chercher une formule plus précise. On voudra bien me pardonner ces souvenirs.

Les jours de fête ou de congé, on allait, comme jadis à Saint-Martin, visiter le Frère Tricard à domicile. C'est alors surtout que l'on commença d'apprécier le don rare qu'il avait pour la conversation agréable en même temps que sérieuse. Les plus mûrs d'esprit ou seulement les plus alertes couraient à ces petites réunions comme à une fête, et bien que tel ou tel y trouvât parfois je ne sais quel air d'académie, elles eurent bientôt une réputation quasi légendaire. Au demeurant, comment un jeune homme aussi supérieur n'aurait-il point dominé des interlocuteurs moins avancés pour la plupart? Il se le faisait pardonner par une bonne grâce et une affabilité parfaites, et le plus grand nombre étaient enchantés de s'instruire là d'une si agréable façon. Le Frère Tricard avait déjà lu beaucoup, et, par méthode autant que par instinct, il aimait à fixer ses souvenirs en les analysant tout haut. D'ailleurs pas ombre d'affectation ni de pédantisme ; il ne tenait pas école : on a plus justement dit qu'il tenait salon avec cette simplicité distinguée qui est une force autant qu'un charme et qui l'eût plus tard si merveilleusement servi dans l'apostolat.

Ainsi la vie de l'esprit et les relations fraternelles faisaient, après la grâce et la vertu, sa meilleure consolation dans l'épreuve. L'épreuve allait être allégée, du reste. Après dix-huit mois de cette existence quasi mitoyenne entre la religion et la famille, il fut décidé qu'on admettrait le novice à faire ses vœux s'il pouvait, au préalable et moyennant les précautions nécessaires, supporter trois mois le séjour du Hall et le régime de la communauté. Ce fut une grande joie pour le fils, mais une grande privation pour la mère ; elle allait rester seule au logis. Henri mit à l'y préparer toute la délicatesse imaginable, lui proposant déjà pour modèle la Sainte Vierge demeurée solitaire après le départ de son Jésus. Huit ans plus tard, au moment de l'adieu suprême, nous le verrons revenir sur cette pensée ; et quelle autre eût été meilleure ?

En ce qui le concerne, l'expérience que l'on tentait fut heureuse, et, le 15 août 1882, après quatre ans d'une persévérance bien méritoire, il se vit enfin Religieux.

Quelques jours plus tard, il chantait sa joie en chantant celle d'un autre Henri, autrefois son condisciple, aujourd'hui son frère, comme lui retardé par l'infirmité, mais qui, après une attente un peu moins longue, abordait enfin au même port.

> Près de Jésus, pleins d'espérance,
> Tous deux nous vînmes nous cacher,
> Frère, et l'épreuve et la souffrance
> Tous deux nous y vinrent chercher.
> Il fallut porter de l'attente
> Les jours si longs et si pesants
> Et traîner d'une âme constante
> Les mois qui nous semblaient des ans.
> Or, la demeure bien-aimée,
> A notre appel restant fermée,
> Tous deux nous disions au Sauveur :
> « Debout à la porte, je frappe
> Et sans qu'un murmure m'échappe,
> J'implore, ô Dieu, votre faveur.
> Sur le parvis de la maison céleste
> Votre main me retient ; j'y reste ;
> J'attends dans les pleurs et le deuil.
> Sans voir s'ouvrir votre demeure,

> Si vous ordonnez que je meure,
> Eh bien ! je veux mourir à genoux sur le seuil.

> Mais non, mais non ! L'épreuve est terminée,
> Et toute rayonnante et tout illuminée,
> La voici, l'heureuse journée
> Où Dieu reçoit notre serment.....

Bientôt la grâce du sous-diaconat vint s'ajouter à celle des vœux. Henri Tricard voyait donc sa vie fixée de toutes parts ; il était à Dieu sans retour et sans inquiétude. Soulagement indicible et qui le rendait plus fort pour abandonner à la Providence la question d'avenir et d'apostolat.

Au fait, ni l'avenir ne semblait alors absolument fermé, ni l'apostolat impossible. La santé restait bien précaire ; mais elle était revenue de si loin qu'on se prenait à espérer. D'ailleurs les précautions étaient minutieuses, les soins infinis. Le Frère en disait sa reconnaissance dans sa langue préférée, mais avec combien de délicatesse et d'élévation ! Trois visiteurs d'office, ou tout au moins d'habitude, venaient à heure fixe le servir ou lui tenir compagnie. Le poète en fait trois rayons de soleil. Celui qui l'éveille chaque jour, c'est tout naturellement le rayon matinal qu'il se joue à décrire en ces jolis vers :

> C'est au lever du jour, et les nuages roses,
>   Pourpre flottante, emplissent l'Orient.
> Puis voici l'Astre-Roi qui monte flamboyant.
> Dans la chambre pourtant les fenêtres sont closes.
> La nuit résiste encore à son vainqueur brillant.

> Soudain, comme une écluse ouverte à l'eau qui gronde,
> Les volets écartés laissent passer le jour.
> Le torrent lumineux roule sans bruit son onde ;
> Il entre éblouissant et triomphe à son tour.....

Un autre visiteur, particulièrement aimable et fin, devient le rayon de midi filtrant dans la chambre demi-obscure.

> Mais on referme et l'ombre est triomphante.
>   Dans l'épaisseur opaque de la nuit,
> Un rayon lumineux, glissant par une fente,
> Comme une flèche d'or, vibre, s'élance et luit.
> Il court, sur tout objet mettant une étincelle ;
> Il se joue, élégant, léger, capricieux.
> Sa mobile splendeur flotte, ondule, ruisselle ;
> Il est un charme au cœur, il est un charme aux yeux.

Le troisième sera le rayon du soir :

> L'ombre dans le vallon descend de la colline.
>   Le Soleil-Roi décline
> En traînant les longs plis de son manteau de feu.
> Mais un dernier rayon s'est élancé rapide,
> Suave, pur et doux en sa clarté limpide.
>   De l'astre ami c'est le charmant adieu.

Si la grande poésie jaillissait de préférence et comme d'instinct à propos des plus simples choses, il ne faudrait pas croire que le Frère n'eût pas, au besoin, la note gaie. Au premier de ses officieux de chaque jour ne disait-il pas sur un autre ton ?

> Nous avons planté de moitié,
> En l'arrosant bien de tisane,
> La douce fleur de l'amitié.
> Que jamais elle ne se fane !

Il ne soupçonnait guère alors que celui qu'il chansonnait ainsi était poitrinaire et le précéderait dans la tombe (1).

Au reste sa gratitude n'oubliait personne. Quand le digne frère infirmier, ci-devant hussard et blessé

(1) Le Frère H. G. de Beausse, mort à Jersey en 1885.

en chargeant à Sedan, fit ses derniers vœux le 15 août 1884, le poète, son client, le disait formé tout exprès à ses nouvelles fonctions par la Vierge dont ce jour-là était la fête.

> Ce regard pénétrant qui sait tout deviner
>   Et cette main qui, sans secousse,
>   Sur la douleur glisse légère et douce,
> Qui donc, sinon Marie, a pu vous les donner ?
> Sous le drapeau, jadis, on vit votre prouesse.
> En rude travailleur vous couriez au combat.
> Ah ! notre Mère seule a pu, dans sa tendresse,
> Faire une tendre mère avec un vieux soldat.

VI

J'ai hâte d'achever cette biographie si simple et
je reviendrai ailleurs sur les nombreuses compositions poétiques dont le Frère Tricard égayait alors
nos fêtes de famille.

Après ses vœux, il vécut encore deux années au
Hall d'Aberdovey en qualité de professeur auxiliaire des Juvénistes. Sa santé, toujours bien frêle,
gagnait à cet exercice léger. Si parfois la fatigue
devenait trop grande, quatre frères désignés d'office lisaient à tour de rôle les notes du maître. Lui-
même assistait dans son fauteuil, complétant le
texte et soulignant les détails. Aussi disait-il plai-
samment :

> Mon petit filet de savoir,
> Ruisseau qui se dessèche en route,

> Par quatre canaux, chaque soir,
> Coule à petit bruit, goutte à goutte.
> Et moi? Je suis là qui m'écoute,
> Majestueux ! — Et je me doute
> Que c'est un plaisir de me voir.

Ce qu'il enseignait ainsi par lui-même ou par d'autres, c'était l'histoire politique et littéraire de l'antiquité. Je dois avouer qu'un autre thème lui eût agréé davantage; du moins ses auditeurs ne s'en aperçurent pas, tant son exposition était lumineuse et son esprit ingénieux à semer l'intérêt sur toutes choses. Il y avait dans ce jeune homme l'étoffe d'un maître éminent.

En 1884, tandis que la communauté passait d'Aberdovey à Slough, il se séparait d'elle et traversait à petites journées le nord et l'ouest de la France pour aller reprendre au scolasticat de Jersey l'étude de la philosophie.

Quelqu'un rêve-t-il encore je ne sais quelle incompatibilité entre le don poétique et l'aptitude aux spéculations plus sévères? En tout cas, Henri Tricard serait, plus que personne peut-être, en situation de démentir le préjugé. Ce poète ne fut pas seulement un philosophe brillant et solide : il fit douter si son talent principal et sa voie véritable n'étaient point là. Celui qui fut son maître à Jersey témoigne qu'il lui eût volontiers légué sa chaire, et sans attendre même que le Frère se fût complété par l'étude de la théologie. D'autres, et fort sérieux, estiment que, pour donner toute sa mesure et remplir tout son mérite, la composition littéraire l'a bien moins servi que n'eût pu faire l'enseignement des hautes sciences. Pour moi, sans oser décider si Dieu l'avait créé plus philosophe ou plus poète, je sais d'expérience qu'il fut excellemment l'un et l'autre. Me permettra-t-on d'ajouter que s'il eût vécu, j'aurais souhaité pour ma part qu'il traversât au moins l'enseignement scolastique? Les lettres n'y eussent pas tout perdu, car il était sans doute bien impossible que le poète ne se retrouvât point à ses heures libres; mais j'ose croire que la philosophie aurait gagné beaucoup aux travaux d'un esprit si profondément littéraire. Il y aurait mis tout ce que promettaient déjà les rares vestiges qu'il a laissés de ses études personnelles : la clarté pénétrante, l'ordre lumineux dans l'exposition, la profondeur d'observation morale, l'intérêt, la vie. Trop ferme et trop mesuré pour s'engouer à l'excès des probabilités et des systèmes, il eût d'ailleurs été, par conviction intime autant que par devoir, hautement fidèle à la méthode scolastique.

Ses écrits, ses lettres, ses conseils à quelques
Frères plus jeunes, attestent qu'il n'en reconnais-
sait aucune autre comme capable de mener sûre-
ment au vrai. En fin de compte, peu d'esprits
étaient aussi bien faits pour rendre, selon le besoin
et dans le degré voulu, la littérature philosophique
ou la philosophie littéraire. C'est ici mieux qu'une
conjecture, mais pour n'aboutir qu'à un regret.
La Providence voulait montrer cette fois encore
et dans un sujet de choix que, si elle daigne se
servir des hommes, elle nous défend de les esti-
mer nécessaires; car c'est à un dénouement fatal
que nous courons.

VII

A l'époque où nous sommes arrivés (1886), on pouvait en douter encore. A Jersey, peut-être sous l'influence des vents de mer, le Frère avait souffert d'une névrose; mais le grand mal n'avait pas fait de progrès sensible. Toutefois, un déplacement fut jugé utile, et le philosophe acheva ses cours aux Facultés catholiques d'Angers. L'année suivante, il commençait la théologie à l'Institut catholique de Paris. Quinze mois plus tard, sa santé fléchit tout à coup et les médecins le renvoyèrent en Anjou. Le 2 janvier 1889, il se retrouvait à Saint-Martin, au lieu même de ses premières épreuves. Après l'avoir suivi partout d'aussi près que possible, sa mère s'installait tout de nouveau sous le même toit. Pour l'un et l'autre une agonie de quinze mois commençait.

Tout devait concourir à la rendre pénible et méritoire. Dès le mois de février, c'est une fièvre
muqueuse qui vient aggraver l'état déplorable de
la poitrine. En juillet, surviennent de violentes
hémorragies ; la fin semble imminente ; le malade
désire les derniers sacrements et les reçoit avec un
calme parfait. Puis la mort entrevue s'éloigne.
Dieu, semble-t-il, approchait puis éloignait le
calice des lèvres du Frère, pour le lui faire accepter
et goûter à plusieurs fois.

En même temps, il lui présentait une espérance
chère entre toutes, mais seulement pour lui donner le mérite d'un renoncement suprême. Après
l'accident du mois de juillet, ses supérieurs vou-
lurent du moins, s'il était possible, lui assurer la
consolation de monter à l'autel ; ils l'avertirent qu'il
serait ordonné prêtre dès que ses forces le permet-
traient. C'est par là surtout qu'il se reprit à désirer
et à espérer de vivre. Sa joie était immense, et parfois il grondait sa mère de ne la partager qu'en
tremblant. « Le bon Dieu aura pitié de nous deux,
disait-il ; il te donnera la consolation de le recevoir
de ma main. » Et lui-même commença d'étudier le
texte et les cérémonies de la messe. Mais l'espérance ne devait pas tarder à pâlir. Dans les derniers jours de 1889, les hémorragies avaient re-

paru et, le 1er janvier 1890, comme sa mère était assise auprès de lui, tenant la cuvette tout ensanglantée, il lui disait : « Vois-tu comme les jours de fête sont pour nous des jours de tristesse? » Puis ce fut le mot de la résignation : « Après tout, qu'il en soit ce que Dieu voudra. Quand nous serons dans notre éternité, que vaudront quinze ou vingt ans de plus ? »

L'*influenza* sévissait alors et le Frère la craignait d'instinct comme devant lui apporter le coup de grâce. Il ne se trompait pas; l'étrange maladie vint quelques jours après hâter le dépérissement suprême.

La prêtrise devait être jusqu'au bout la grande préoccupation du malade. Vers ce temps-là, on célébrait à Angers le jubilé sacerdotal d'un Père, et, de son lit, Henri Tricard lui crayonnait ces vers, les derniers qu'il ait ébauchés :

Cinquante ans, vous avez offert le sacrifice,
Mangé le pain vivant, bu le sang immortel...
L'offrirai-je, une fois? Quel doute! quel supplice!
Ah! mon Père, priez, en pressant le calice,
Qu'un jour, un jour au moins, je monte au saint autel!...

Au fond, il ne l'espérait plus. Il disait au R. P.

Supérieur d'Angers : « Mon Père, je ne peux plus me faire illusion ; je ne serai jamais prêtre ; je ne mérite pas cette grâce ; le bon Dieu ne le veut pas, mais que sa sainte volonté soit faite !... Et pourtant, ajoutait-il encore, il sait tout ce que j'ai souffert ; douleurs de l'âme et du corps, je lui ai tout offert pour mon sacerdoce. Mais il ne le veut pas, je le sens bien ; je n'aurai jamais la force de dire la messe... »

Restait la sainte Communion. Elle lui était apportée au moins chaque dimanche, et bien souvent la nuit précédente fut troublée par la crainte où était le Frère d'être contraint de s'abstenir. Toutefois, cette amère privation ne lui fut jamais imposée. On lira plus loin quelques vers, probablement antérieurs à l'époque où nous sommes, écrits pour remercier l'aumônier qui lui apporte habituellement le divin Consolateur. Je mettrais volontiers cette simple pièce parmi les meilleures du poète ; du moins n'en sais-je pas de plus touchante.

On arriva ainsi au mois d'avril. Le R. P. Provincial se trouvait alors de passage à Angers. Une fois encore il parla d'espérance, de projets ; mais dans un second entretien, il ne recommanda plus au malade que de se tenir en la présence de Notre Seigneur et de lui dire bien des fois le jour : « Maître,

demeurez avec moi, car il se fait tard. » Il se faisait tard, en effet, les forces étaient à bout et la vie
allait s'éteindre. Il n'y avait plus qu'à en sanctifier
le reste. Le Frère ne s'y épargna point. Plus que
jamais il fut touchant de reconnaissance, de confusion même, à propos des attentions dont on l'en-
tourait. Si un Père lui rendait visite, lui procurait
quelques douceurs, ou seulement lui faisait parve-
nir quelques paroles consolantes : « Vois-tu, disait-il
à sa mère, c'est parce qu'il est un saint Religieux
qu'il agit de la sorte. Un Religieux médiocre serait
moins délicatement charitable ; la sainteté déve-
loppe le cœur et l'agrandit. » Quant à elle-même,
toute la crainte du mourant était de la contrister
par quelqu'une de ces légères impatiences qu'il est
si difficile d'éviter absolument en pareil état. Il lui
avouait que chaque matin il demandait à la Sainte
Vierge de le préserver de cette faute, que rien ne
lui coûtait plus à reconnaître dans ses examens de
conscience ; et comme la pauvre mère le suppliait
de ne s'en point mettre si fort en peine, il ajoutait
naïvement : « C'est pourtant là mon plus grand
péché. »

Le 23 avril, surveille de sa mort, il se leva une
dernière fois avec un effort extrême. Il venait de
recevoir une lettre d'un de ses plus intimes amis ;

il voulait écrire, lui aussi, et sa mère pensa naturellement qu'il s'agissait de répondre. Elle se trompait. Ces dernières lignes s'adressaient à elle-même; c'était le testament filial. « Ma bien chère mère, disait le mourant, je t'ai beaucoup aimée, je meurs t'aimant beaucoup; je t'aimerai dans mon éternité toujours..... Je reconnais dans ma vocation la meilleure grâce de ma vie. J'en bénis Dieu et je te remercie de n'avoir rien fait pour la compromettre, de l'avoir acceptée et respectée... Au revoir, ma mère bien-aimée. Attends dans la paix comme Marie veuve et sans enfant; le rendez-vous est au ciel. Prie pour moi, fais prier jusqu'au dernier de tes jours, et ne te mets jamais dans l'esprit que mon purgatoire est achevé. Cette illusion de ta tendresse serait pour mon âme un affreux malheur. Espère, soit, mais agis comme si je souffrais encore dans les flammes de l'expiation. — H. Tricar, S. J., 23 avril 1890. »

Le 24 au matin, le Frère eut une crise de suffocation pendant laquelle il reçut l'Extrême-Onction sans connaissance. Quand il revint à lui, voyant le R. P. Provincial à son chevet, il demanda le Saint-Viatique que le R. Père lui apporta lui-même. Dans la journée, il accueillit encore avec sa bonne grâce ordinaire quelques visites fraternelles. Sa voix s'entendait à peine, mais sa présence d'esprit était parfaite. Il annonçait sa mort pour le jour même ou le lendemain et faisait ses adieux, raconte un témoin, « avec calme, charité, dignité, gravité », gardant jusqu'au bout son caractère, mais plus expansif et plus affectueux que jamais. Une fois il dit : « Pas de sacerdoce !... Le bon Dieu ne l'a pas voulu. » Mais ce qui domina jusqu'à la fin, ce fut la paix, la joie, la reconnaissance pour la Compagnie, la confiance envers la Sainte Vierge.

Le vendredi 25, il eut dans la matinée une longue crise. Vers cinq heures du soir, pouvant à peine parler, il fit signe à sa mère qui s'approcha et recueillit ces paroles : « Chère mère, pardonnemoi. Au revoir; ce sera bientôt. » Le P. *Socius* du R. P. Provincial était là. Le Frère lui demanda la permission de l'embrasser et reçut de lui une dernière absolution. Il s'était assuré de la présence de son scapulaire, « un bon bouclier », disait-il, et il regardait avec amour son crucifix qu'il n'avait plus la force de tenir. Deux crises vinrent encore dans la soirée, puis tout fut fini.

Deux jours après, le corps fut transporté au Mans. Il repose dans le cimetière public de Sainte-Croix, tout près de ce collège qu'Henri Tricard avait tant aimé.

DEUXIÈME PARTIE

L'AME

DEUXIÈME PARTIE

L'AME

Si l'on en juge d'après les apparences et les proportions communes, Henri Tricard ne fut peut-être qu'un Religieux fervent, et je n'entreprendrai pas, quant à moi, de le donner pour autre chose. Toutefois, n'y a-t-il pas toujours quelque profit à entrer dans le secret d'une nature d'élite et qui travaille loyalement à sa perfection ? Tout n'y sera pas admirable, soit ; mais partout l'on trouvera de quoi s'instruire, et je n'ai pas ici d'autre but. Ma tâche d'ailleurs sera facile, grâce à un certain nombre de témoignages, plus encore aux notes intimes du Frère. Trop courtes à mon gré, elles renferment du moins des traits touchants, des pages même que j'oserai bien appeler admirables. On en jugera.

Il apportait à la vie parfaite un ensemble de dispositions vraiment heureuses, une grande élévation d'esprit et d'âme, une maturité exceptionnelle, une sensibilité délicate, un fond suffisant de générosité, une piété qui ne s'était jamais démentie. Il n'y avait pas jusqu'à son tempérament d'artiste qui ne pût lui être d'un grand secours. Il s'est dépeint lui-même dans ce passage de *Palestrina,* où le Maître dit à son fils d'adoption qui voit en Dieu plutôt le Bienfaiteur, la Bonté suprême :

> Ah! je l'aime aussi, moi! C'est là toute ma vie ;
> Pour lui mon âme éprouve, à tout jamais ravie,
> Cet indomptable amour qui brave le tombeau.
> J'aime Dieu, mon enfant, mais parce qu'il est beau.

Assurément le jeune Religieux dont je parle n'est point là tout entier ; sa ferveur ne fut point un enthousiasme de son imagination et, si l'on peut ainsi parler, une part de son esthétique. Mais on ne verra pas moins, et sans que j'aie besoin d'en avertir, quel élan peuvent donner à la piété, à la vertu même, l'intelligence supérieure et le goût ardent de la beauté. Aussi bien, quand Dieu prodigue ses dons à une âme, que peut-il vouloir si ce n'est de la prendre et de la tenir par plus de côtés à la fois?

D'autre part, il n'est que trop facile à notre pauvre nature de tourner les ressources en obstacles, en périls. Ici comme ailleurs, du reste, noblesse oblige, et les mieux partagés doivent à l'épreuve une rançon mesurée d'ordinaire sur leurs privilèges même. Henri Tricard en fit l'expérience. Le soupçonnait-on beaucoup autour de lui? Dans cette physionomie paisible, grave, composée, quelquefois alanguie par la faiblesse physique, le regard seul trahissait de temps à autre l'intensité de la vie de l'âme, et l'on eût rarement saisi des traces de lutte, d'orage intérieur. L'orage et la lutte existaient pourtant. On n'a pas impunément dès la jeunesse une intelligence hors ligne, une rare précocité d'esprit jointe à un tempérament d'artiste, et il est tout simple que le Religieux ait eu plus d'un effort à faire pour contenir ses puissances de nature et maintenir son âme dans la paix.

Cette paix, il était trop perspicace et trop ferme de jugement pour la chercher ailleurs que dans l'effort et le sacrifice. « Le feu vit du bois qu'on y jette : l'amour vit de sacrifice et d'immolation. Sans cet aliment, il meurt : feu de paille, sentiment, piété poétique, courte et menteuse. — Craignons l'illusion. Il y a dans ma piété du naturel et de la poésie. Mettons-y le solide, c'est-à-dire le sacrifice pratique, petit, caché, quotidien... J'ai le désir impétueux, l'irritation facile ; sachons calmer, dominer tout cela pour Jésus. Et le trouble après une confusion ! Et la fièvre dans le travail !... *Pax ! Pax !* Puis les angoisses de l'âme !... *Pax !* »

La paix à conquérir ou mieux à reconquérir sans relâche, la paix courageuse et militante, devint bientôt son programme de vie parfaite. Un jour, il en écrivit la théorie à son usage. C'est une page sans éclat peut-être, mais pleine, grave et forte ; elle peut servir à d'autres et d'ailleurs elle montre bien où visait cette âme d'élite aux prises avec des difficultés nées en partie de sa supériorité même.

« La paix, c'est la tranquillité de l'ordre.

» L'ordre est intérieur, absolu, ou extérieur et relatif.

» L'ordre absolu, intérieur, c'est l'ordre en moi-même. Le corps soumis à l'âme ; les sens et les facultés sensitives à la raison ; la raison au vouloir. Cet ordre maintenu, cet ordre constamment, suavement rétabli quand il a été troublé, c'est la tranquillité intérieure, c'est la paix.

» L'ordre extérieur : c'est l'ordre établi entre moi, les créatures inanimées, les hommes et Dieu.

» L'ordre pour moi par rapport aux créatures, c'est de supporter les désagréments, d'user des avantages selon la raison, de repousser les séductions. Cet ordre maintenu, c'est la paix.

» L'ordre par rapport aux hommes, c'est de me mettre au-dessous de tous comme insigne pécheur; — de les aimer en Dieu et Dieu en eux ; — de ne rien attendre d'eux, de ne pas m'appuyer sur eux. *Omnis homo mendax ;* — de ne désirer volontairement ni leur estime ni leur amour. J'en suis indigne et cette estime ni cet amour ne sont dignes de moi. Je suis trop et trop peu pour désirer de tels biens; — de tenir comme une vérité évidente que nul ne me doit de reconnaissance et que, si l'on me devait quelque chose, on me rendrait service en ne me payant pas; — de comprendre que l'on ne peut me faire ni tort ni injustice aucune, que l'on ne pourra jamais me mettre assez bas. — Oh! combien serait affranchi, libre et par conséquent paisible, celui qui tiendrait pratiquement cette ligne de conduite!

» L'ordre par rapport à Dieu, c'est de comprendre qu'il est le maître de tout ; — qu'il est infiniment bon ; — qu'il m'aime ; — qu'il ne m'a pas mis sur la terre pour être heureux sur terre ; — que la douleur est un don de choix réservé à ses amis ; — que sa volonté est infiniment aimable ; — que sa main, alors même qu'elle semble nous broyer, ne nous étreint que par amour et tendresse ; — qu'il est bon et doux de s'abandonner à cette main.

» Voilà l'ordre, voilà la paix. Garder la paix, refaire à chaque instant la paix dans son cœur, la refaire suavement, paisiblement, mais sans mollesse et sans relâche, c'est la sainteté. »

On voit l'âme en présence de son idéal. Jusqu'où en approcha-t-elle ? Dieu seul pourrait le dire. Au moins est-il assuré qu'elle y aspira sérieusement et sans jamais le perdre de vue.

II

D'où venaient, et très particulièrement pour lui,
les obstacles à cette paix victorieuse? Du dehors
avant tout. La plus religieuse et la plus fraternelle
des familles est une société d'hommes, et parmi des
joies que le monde ne soupçonne guère, il faut bien
que l'on y trouve encore à souffrir. Le F. Tricard
était fait pour l'éprouver mieux que personne.
Outre que la supériorité est rarement populaire, il
y avait dans cette haute et fine nature de quoi res-
sentir au vif les froissements légers qui effleurent à
peine d'autres tempéraments. Qu'on ne prenne
pas cette observation pour un éloge; c'est un obstacle que je signale et rien de plus.

Il fallait bien qu'il se vît en butte à la critique.

Ici ou là, on goûta moins son talent que l'on estimait trop uniformément grave et solennel. Blâme ou plaisanterie, cette défaveur momentanée ne lui échappa point ; et comment n'en être pas affecté ? On n'appartient pas pour rien au *genus irritabile vatum*. Malgré l'impression inévitable, il continua du moins de se produire simplement et bravement, encore bien qu'il ne se sentît plus porté par la sympathie universelle. C'était une victoire, un pas vers la conquête de la paix.

D'autre part, sa délicatesse extrême l'avait fait timide ; sa faiblesse le privait trop souvent de la vie commune et le condamnait au petit comité. On entend du reste que, dans sa chambre de malade, la conversation était plus volontiers littéraire et que, par la force des choses, il en tenait assez habituellement le haut bout. Mais on n'entend pas moins que cela ne pouvait être du goût de tout le monde. Nouvelle matière à censure de la part de quelques-uns ; nouvelle occasion pour le Frère d'appliquer son programme de paix militante. Il ne s'y épargna point.

Ces piqûres, minimes peut-être mais vivement senties, ne profitèrent pas seulement à sa vertu ; par la souffrance même elles développèrent en lui la vie du cœur. A dire vrai, celle de l'esprit était si puissante qu'elle eût pu rompre l'équilibre et absorber ou comprimer plus ou moins les affections. Maint trait de sa biographie nous a déjà fait voir le contraire; mais encore le danger restait-il possible, et, de fait, l'opinion inclina parfois à ne voir dans le Frère qu'une intelligence quasi pure; il paraît même que d'aucuns le lui dirent naïvement. Or, entre toutes les épreuves qui vinrent du dehors menacer la paix de son âme, celle-là fut de beaucoup la plus amère : lui-même en a fait l'aveu. Apprécié, respecté, admiré même du plus grand nombre, il eut par moments à combattre l'impression, l'illusion douloureuse de n'être aimé de personne autant que l'eût souhaité sa nature affectueuse en réalité comme pas une. Moins religieux dans l'âme, il y avait là de quoi le resserrer encore, de quoi le refermer sinon l'aigrir. Dieu aidant, ce fut le contraire. Le cœur s'ouvrit et se dilata sous l'épreuve. Le Frère comprit mieux la nécessité de s'adapter aux circonstances, de se faire à tous les genres d'esprit ou d'humeur, d'assouplir son caractère, son talent même. De là, moins de réserve, moins de raideur, pourrait-on dire, avec les inconnus; plus de cordialité avec ses amis dans l'entretien ou la correspondance; avec tous plus de souplesse et d'expansion. Ce fut le progrès manifeste de ses dernières années. Ainsi marchait-il vers son idéal d'ordre et de paix dans ses relations avec les hommes, se donnant lui-même avant de songer à recevoir.

III

Mais il trouvait dans son propre fond bien d'autres causes de trouble. C'était d'abord la disproportion douloureuse entre sa débilité physique et les élans d'une âme élevée, ardente, active s'il en fut jamais. On devinerait, s'il ne l'avait dit lui-même, qu'il s'est peint dans ces vers par lui prêtés à l'un de ses personnages.

> ... Oui, la douleur m'arrête !
> Et je n'ai pas trente ans et je suis un vieillard !...
> Vous connaissez le mal qui me dévore, Asser.
>
> Son travail sourd et lent ronge et dissout ma chair,
> L'abat en des langueurs où se fond tout mon être !
> Oui, son terrible arrêt, Dieu me le fait connaître.
> Plus bas, plus bas encore il tâche à me ployer ;
> Et que sa main est lourde et s'entend à broyer !

Il me brûle le cœur d'une flamme insensée,
Lance dans l'infini ma fiévreuse pensée,
Lui montre des desseins par delà mon pouvoir,
La fatigue et l'épuise en les lui faisant voir... (1).

On a bien vite fait de dire qu'Henri Tricard lutta onze ans contre une situation morale toute semblable. Dieu, qui voit moins sommairement et moins froidement les choses, a compté ce qu'il y eut là d'angoisses, de sacrifices, de mérites aussi. Pour nous, l'intéressant, l'utile plutôt, est de prendre sur le fait l'âme religieuse travaillant à maintenir sa paix dans cet orage à peu près continuel de désirs, d'anxiétés, de tristesses.

Il n'y fallait rien moins que la foi évoquée sans relâche et un acte incessamment répété de résignation surnaturelle. Avec cela, on pouvait retrouver le calme, tourner même l'obstacle en moyen. Le Frère y fit de son mieux. « La douleur sous toutes les formes, disait-il, est la perle cachée, le don de Dieu; elle est mon trésor. » Et tout d'abord il l'exploite au bénéfice de l'humilité. « Dans la Compagnie, je ne serai jamais qu'un arbre qui promettait, mais que la gelée a frappé, flétri, réduit à une

____

(1) *Alfred le Grand,* acte I, scène I.

quasi stérilité. » Voilà qui lui sert à ne pas s'enfler d'un talent dont il est bien impossible d'ailleurs qu'il n'ait pas conscience. « Je ne suis propre à rien, ou à quoi? à des bagatelles sonores. » — Parfois il se plaint d'être seul à se le dire, alors que tout lui réussit. « Jamais je n'ai de confusions, d'humiliations. Partout, succès : conversation mesurée, calme et partant rarement de ces mots malencontreux qui humilient... Puis, estime, considération, maturité et connaissances acquises. Résultat : une petite atmosphère bien tiède, bien douce, qui m'environne et qui imperceptiblement me pénètre d'une vanité à peine consciente. » Or, le remède providentiel était précisément dans l'impuissance physique entravant à chaque pas les élans de l'âme et la ramenant comme de force à l'humilité. « Ma maladie est un trésor, écrivait encore le jeune Religieux. Elle m'humilie : point de grande prédication, point de brillant professorat. — Elle enchaîne mon activité : adieu les joies du travail, la joie de se sentir utile. — Elle m'oblige aux précautions crucifiantes. — Elle me fait passer chez plusieurs pour un malade imaginaire et qui s'écoute. — Elle me prive de bien des joies : promenades, excursions et autres. — Elle m'oblige à demander bien des choses, bien des permissions, et cela coûte toujours. — Elle me tient dans la main de Dieu : incertitude de l'avenir, réponse de mort, vie sans cesse menacée. » Et il concluait, non à s'y résigner simplement, mais à en bénir souvent Jésus, à lui offrir des communions en action de grâces.

Ainsi mettait-il sa paix dans l'humilité, et l'humilité tout d'abord dans la patience. Patient! il s'efforça de l'être jusqu'au bout, à l'encontre des négligences inévitables dans le service d'un malade, ou des empressements qui ne fatiguent pas moins peut-être. Il s'étudia sans relâche à tout accepter des hommes, encore plus de Dieu, souscrivant par avance à l'épreuve quelle qu'elle dût être, à la mort même. Je dis trop peu, car il ne se contentait pas d'accepter, de souscrire. « Il faut non seulement *vouloir bien*, mais *vouloir* absolument, de toutes ses forces, la mort pour l'instant, le lieu et avec le mode que veut Jésus; — unir sa volonté, l'ajuster à celle de Jésus, unir aussi sa mort à celle de Jésus, aimer la mort comme expiation, comme preuve suprême d'amour, comme acte unissant par excellence; baiser en esprit le coin de terre où notre chair pourrira, baiser en esprit sur le calendrier la date inconnue qui marquera notre dernier passage. » En outre, comme il ne prétendait que s'assurer par un abandon plus entier une paix plus profonde, il estimait sage de tout prévoir sans exaltation ni chimère. Il ajoutait donc : « La mort sans prêtre, sans sacrements, subite, dans la solitude, dans le sommeil, tout accepter, tout vouloir avec Jésus, tout aimer. L'abandon à ses vouloirs est un si grand acte d'amour qu'il supplée à tout. Et ce n'était point théorie pure : dès 1882, il avait écrit parmi les souvenirs de sa retraite annuelle : « J'ai accepté la mort d'avance et surtout pour le cas d'une mort subite, en me condamnant à mort comme Dieu m'y condamne, en unissant mon humble verdict au verdict sacré de mon Seigneur. »

Mais voici pour résumer toute sa pensée, toutes ses dispositions d'âme à l'égard de sa maladie et du terme probable où elle le mène. En 1883, rappelant les circonstances auxquelles on peut en imputer l'origine, il trace une page touchante que je m'en voudrais d'abréger.

« Peut-être sans cela tout mon avenir eût été bien différent. Ma vie ne serait pas un tissu d'exceptions à la vie commune ; je ne coûterais pas à la Compagnie ces soins particuliers ; je ne me traînerais pas, vieillard de vingt-quatre ans, à travers mes tristes journées. Au lieu d'un demi travail, tout capricieux et fantaisiste, ce serait le vaillant et tenace labeur, l'existence menée rondement et rudement, l'emploi

généreux de mes forces dans l'enseignement ; la
prédication que j'aurais tant aimée, où j'avais, il me
semble, des idées à répandre, et quelque ardeur et
quelque flamme.

« O mon Seigneur Jésus, pour tous ces sacrifices,
soyez béni, et béni, et béni ! — *Tecum.* — *Jesus
autem tacebat.*

« J'aurais été orgueilleux, et mon activité bruyante
et stérile. Je ferai donc peu de chose, je serai plus
encombrant qu'utile dans la Compagnie. Cela me
tiendra dans l'humilité ; c'est mieux ainsi : passer
sur la terre pour y écrire deux ou trois mauvais
drames !... (1) Et ç'aura été là toute mon action sur
les âmes pour le service de Jésus ! — Mais si je me
tiens dans mon néant, dans mon inutilité sentie ; si
je souffre beaucoup et bien, acceptant, aimant mes
affaissements, mes langueurs, ma sénile faiblesse,
unissant tout cela à vos épuisements, Jésus ; oh !
ma destinée est bonne et sainte et douce. Jésus, il
est bien vrai, mon bien-aimé : obscurément, silen-
cieusement, amoureusement, je désire et je demande de beaucoup souffrir pour Vous, comme
Vous, près de Vous, *tecum...* Je désire, je demande

____

(1) « Pas même du Ponsard ! » ajoute-t-il ; en quoi il se maltraite à
son ordinaire.

une poignante et douloureuse et longue agonie, pour vous ressembler, Seigneur.

« Mes douleurs du corps, ma *blessure* au côté, unies à vos douleurs, à vos blessures !... Si vous voulez que je souffre, puis-je bien vouloir le contraire ? C'est trop peu : puis-je bien ne pas le vouloir positivement aussi ? Oh ! oui, je le veux. Tout ce que vous voulez de moi et sur moi, à l'aveugle et sans peur, je le veux, je le demande, je l'appelle. Seigneur, la mort à laquelle je pense si constamment, me fait horreur et peur : oh ! je veux mourir parce que vous êtes mort... »

IV

Du reste, quand il n'eût pas connu la maladie,
les qualités mêmes de son âme, sa constitution intel-
lectuelle et morale, si je l'ose dire, lui auraient fait
une nécessité de la lutte pour la paix. Cette raison
singulièrement précoce, élevée, pénétrante, éprise
de clarté précise et complète, avait plus qu'une
autre besoin de vigilance et d'effort pour demeurer
toute simple dans ses relations avec Dieu, pour n'y
porter jamais une part de subtilité, de raffinement,
de critique légèrement défiante et chagrine. Et puis,
si l'esprit était parfaitement équilibré dans ses puissances, la volonté se tenait-elle au même niveau ?
Comme nous tous, Henri Tricard éprouva souvent
le contraire ; mais sa perspicacité supérieure, son
instinct profond de moraliste ne lui servaient qu'à

mieux voir cette inégalité, à se l'exagérer peut-être, en même temps qu'une sensibilité trop délicate le faisait en souffrir d'autant plus. Lui-même se plaint d'un « excès de maturité superbe dans la pensée, sans proportion avec le développement du caractère. » — « Ame lâche et sans nerf, dit-il encore, esprit indécis, craintif, volonté molle, vulgaire... » Cependant ne l'en croyons pas trop absolument ou trop vite. « Quand on écrit ses réflexions spirituelles, sentiments ou inspirations, la parole embellit toujours et exagère la pensée ; soit amour-propre à demi consenti, à demi conscient, *pose* secrète devant soi-même : soit enthousiasme de la plume qui s'exalte en quelque sorte et monte à l'hyperbole. » Remarque sensée et pratique : elle lui appartient ; qu'il en ait le bénéfice, mais peut-être au rebours de ce qu'il entendait en l'écrivant. Il se peut que dans les pages les plus secrètes, les moins destinées au public, d'autres se prennent à surfaire quelquefois leurs sentiments, voire même à s'embellir plus ou moins ; sa pente à lui est toute contraire : il incline visiblement à se gourmander outre mesure, à se rudoyer, à se noircir. On l'en avertit, il le note pour s'en accuser et s'en corriger. (1)

(1) «... Dureté, violence envers moi-même. Il manque certes là l'onction, la suavité de l'Esprit-Saint. Je me surmène dans cette retraite, je me rudoie de façon à me briser. » (1883.)

C’est qu’il y avait du scrupule dans son fait. Une pareille âme devait mettre bien haut son idéal de perfection ; les vues étaient très exactes mais très-nobles, les désirs généreux, mais que la sensibilité tournait vite en inquiétudes, aidée en cela par cet amour-propre d’instinct qui ne meurt pas du premier coup, et par ce stoïcisme inconscient qu’engendrent au début l’inexpérience et l’ardeur. De là le trouble d’une volonté qui se dépite contre elle-même jusqu’à s’exagérer ses inconséquences. Le Frère Tricard s’en rendait compte et travaillait de son mieux à se calmer, à s’établir dans l’humilité paisible, confiante. « Pourquoi fouiller mon âme, pourquoi revenir, me discuter, me disséquer ? Est-ce pour Dieu : Outre que c’est folie à un aveugle de chercher éperdument à voir, qu’en résultera-t-il ? Me purifierais-je par-là ? Non. Ce n’est donc pas pour Dieu, c’est pour moi. Je veux arriver à me prouver que je ne n’ai pas péché. Ah ! si j’étais humble, je garderais amoureusement ma douloureuse ignorance, disant : « Seigneur, il se peut bien que j’aie péché ; c’est infâme, c’est amer, mais ce n’est pas surprenant : l’arbre immonde porte son fruit. Et je m’humilie et je m’abandonne ; et je crois que vous m’avez pardonné ; et je me tiens dans mon abjection, résigné, point étonné, abîmé dans

mon néant, n'ayant pour appui que votre miséricorde, mais l'ayant, et paisible... » (1883.)

Raffinement d'esprit ou de conscience, troubles
et inquiétudes qui ne pouvaient manquer de suivre :
tout cela était à la fois souffrance involontaire et
péril. La souffrance fut acceptée comme les autres
et le péril combattu. Le Frère notait en 1886 : « *Con-
fession, Communion*. Toujours l'Esprit Saint me
pousse à en sacrifier les joies, si Dieu le veut. Je n'y
cherche ni paix ni douceur, pas de bien sensible et
savouré, prêt à livrer mon âme en proie aux angoisses, aux ténèbres, à ces navrantes illusions qui
font croire au sacrilège. Pourvu que Dieu ne soit
pas offensé, pourvu que tout soit pur et saint,
pourvu que je souffre seul : *ita, ita, Jesu !* Je ne
demande pas cette épreuve, mais s'il la veut, je la
veux, je l'appelle. »

« Toute une vie ainsi ! Point de péché grave : la
seule pensée m'en fait horreur. Point de péché
véniel vu et accepté ; non, non. Peu de fautes
échappées, et alors angoisse, ignorance, persuasion
fausse d'avoir péché ; état de ténèbres, de brise-
ment, d'humiliation... Dure vie ! Eh bien ! oui,
j'aime tout cela pour prouver à Jésus que je l'aime
purement. »

« Je me suis jeté hardiment dans ses bras, lui

disant tout cela. Gardez-moi, gardez-moi, dans une pureté de vie parfaite et je veux bien l'ignorer. Gardez-moi sur votre cœur, et je veux bien ne pas le sentir, me croire seul, abandonné, dans le vide, au désert.

Trois ans plus tôt, il avait écrit déjà : « Et l'étreinte, et l'angoisse, et l'âme qui se sent tout entière péché, ulcère, pourriture ! Tout cela vous l'avez connu, Jésus, sainteté infinie, ineffable, devenue péché, devenue ulcère et souillure, *a planta pedis usque ad verticem capitis.* — Vous avez connu la peur ; et moi !... — Vous avez été triste, triste à en mourir. Oh ! le saint, le consolant mystère de votre agonie ! Pas une de ces douleurs, qui sont miennes, où je ne puisse dire : *tecum, tecum !* Aussi, mon bien-aimé, j'abandonne mon âme entre vos mains ; je suis prêt aux verges et toute ma vie si vous voulez. *Tecum, Jesu, tecum !* »

Cependant l'âme éprouvée ne se contentait pas de se résigner à ses peines intimes, non pas même de les vouloir positivement en tant qu'elles pouvaient être voulues ou permises de Dieu. Tout en se réfugiant dans l'amour de Jésus souffrant, dans l'union étroite à la divine agonie, elle travaillait de son mieux à éliminer tous les éléments naturels de trouble, à combattre le scrupule par l'obéissance,

la subtilité raisonneuse de l'esprit par la piété
simple, cordiale, naïve au besoin. C'est ici le lieu
de reconnaître, avec l'opération de la grâce, les
contrastes ou plutôt les ressources infinies de sa
riche nature. Cette intelligence d'élite, capable de
pousser à l'excès le désir, l'inquiétude du vrai
rigoureux, se rencontrait avec une sensibilité
ardente mais gracieuse, fraîche, enfantine même à
ses heures, et bien faite pour toutes les simplicités
de l'amour. Si parfois il y avait lutte entre les deux
forces, en fin de compte elles arrivaient, Dieu
aidant, à s'unir et à s'entr'aider. De là le charme
original des notes spirituelles que nous a laissées
le Frère, et un regret d'autant plus profond de
savoir cette lumière éteinte et cette voix réduite au
silence. Devenu prêtre et directeur des âmes, ce
jeune homme leur eût parlé des choses de Dieu
avec une précision sûre, une rare profondeur
d'analyse et une éloquence du meilleur aloi.
Employons à le reconnaître la dernière page de
cette brève étude. En même temps nous achève-
rons d'apprendre à quelle attention vigilante, à
quelle piété lumineuse et haute, humble et affectueuse tout ensemble, il demandait son bien
suprême, la paix.

V

Rien d'excessif, rien d'étroit dans cet esprit
supérieur. Jamais Henri Tricard n'eût cru mieux
faire de se scinder lui-même, de se mutiler, oserais-
je dire, sous prétexte d'être tout entier à son objet
du moment. Jamais, par exemple, il n'oubliait la
piété quand il s'occupait de littérature, mais il ne
craignait nullement d'appeler la littérature au
secours de la piété. C'était bien tout lui-même qu'il
mettait en chaque chose, trop ferme de jugement
pour rien confondre, mais aussi trop large de vues
pour ne point chercher à tout unir. Voilà comment,
jusque dans les méditations du Religieux, le lettré,
le poète se retrouvent, et la réminiscence, classique
ou autre, a son rôle utile. Mais où se montre surtout le littérateur d'instinct, de race et de culture,

où l'on voit combien le plein et harmonieux développement de l'esprit peut aider à l'élan surnaturel
de l'âme, c'est dans le tour précis, simplement
distingué, brillant parfois et toujours sobrement
ému, qu'il sait donner aux réflexions ou aspirations
pieuses. Cela dit une fois pour toutes, revenons au
fond des choses et tenons nous-y.

Le Frère nous a laissé quelques notes moins
immédiatement personnelles, où il consigne brière-
ment ses expériences ou ses théories de spiritualité.
Tantôt c'est toute une hygiène qu'il trace pour
l'imagination avec une fermeté presque sévère.
« Dernier retranchement des passions : On a sacri-
fié l'objet, la réalité ; on garde au moins le souvenir, l'image. On y repense, on s'en délecte encore.
Mais c'est là raser un arbre, et non l'arracher : il
repoussera... Il faut arracher cette image, ce fantôme obsédant et trop cher. Le cœur se dupe ; il
s'offre cette compensation de rêver à ce qu'il
sacrifie. Illusion, imprudence. Quand on interdit
un objet à ses sens, il faut en même temps et sans
pitié le bannir de son imagination, ne l'y admettre
jamais, pas même sous forme vague et flottante...
L'hygiène de l'imagination doit être austère ; autrement la santé de l'âme est en péril... L'imagination
mal gouvernée mène au rêve et le rêve mène à tout. »

Cependant ce poète si énergique à contenir la faculté que l'on estime poétique entre toutes, sait trop bien que, ne pouvant mourir, elle ne peut se passer d'aliment. « Donnons-le lui donc, mais choisi, trié. Développons le goût du *beau spiritualiste*, de l'art surnaturel, foncièrement chrétien. Contemplons longuement, amoureusement les rares produits de cet art qui se rencontrent parfois. » — Heureux, pense-t-il, ceux qui ont visité les lieux saints et peuvent les revoir en esprit ! Au moins de façon ou d'autre, « remplissons-nous d'images pures, innocentes, pieuses. Elles reviendront souvent et réveilleront les idées saintes. Elles peupleront la pensée, sanctifiant ainsi jusqu'aux heures où on la tient moins en bride. Elles donneront à l'imagination une horreur sacrée pour tout ce qui n'est pas chaste et virginal... Oh ! l'imagination de Marie toute pleine de Jésus ! L'imagination de saint François de Sales, de saint François d'Assise, de saint Stanislas !... »

Ailleurs, ce qui le préoccupe, c'est le traitement pratique de la mélancolie, de la mélancolie native, demi physique et par là même quasi incurable. « Avec ces pauvres âmes il faut employer un doux parler tout suave, tout paisible, d'un ton bas et reposant, accompagné d'un sourire : cela les pacifie. Point de grosse joie bruyante sous prétexte de les secouer. Vous sembleriez dur et ne feriez que raviver la douleur. Pendant l'accès, jamais de raillerie : le mélancolique se blesserait, se fermerait à tout jamais. Raillerie douce, en dehors de l'accès, dans les heures de bon sens. Dans l'accès, n'essayez pas de prouver que la tristesse est sans fondement. C'est le principe général pour toute passion : dans l'effervescence, peu de raisonnement, point de lutte directe ; effort pour faire dériver la passion ; ne refoulez pas le torrent ; ouvrez-lui une issue de côté, tracez-lui une voie nouvelle. Grande patience, suavité, pitié affectueuse pour ces natures impressionnables. Un rien les abat, mais aussi un rien les relève et les console. Un sourire suave, un long regard affectueux et pénétrant : c'est un rayon de soleil qui sèche les larmes. D'ailleurs il faut à la douceur joindre la force, développer la volonté sans le dire, ne pas fournir d'aliment à la vie sentimentale ; éloigner les causes d'attendrissement, d'émotion, *tonifier* les facultés impressionnables, enfin aimer et prier beaucoup la *Cause de notre joie*. »

Était-ce un peu pour lui-même qu'il réclamait ce traitement si sage ? Bien peu dans tous les cas : la mélancolie n'était pas le fond de sa nature. Mais sans doute il est moins désintéressé quand il note sans lien ni ordre quelques indications sur la manière de combattre en autrui le scrupule. « Beaucoup de nobles intelligences, écrit-il, sont affligées de ce mal : c'est un contre-poids voulu de Dieu à l'orgueil de l'esprit. » Et il veut que l'on touche dans ces âmes malades le ressort de la fierté, celui du zèle aussi. Le scrupule n'est-il pas étroitesse d'esprit et de cœur ? Et quel apostolat demeure possible avec cette pusillanimité qui glace ? Mais là comme ailleurs, l'attaque ne saurait être directe. « L'âme est puissance bornée. Si elle agit beaucoup avec une faculté, les autres agiront moins. Développez donc largement le cœur ; l'esprit sera moins vétilleux, moins fiévreusement acharné à se fouiller lui-même. »

En ce point si particulièrement douloureux, le Frère n'oubliait pas le dicton évangélique : *Medice, cura te ipsum.* S'il se formait d'avance au rôle de pacificateur des âmes, il l'exerçait tout d'abord au bénéfice de la sienne. Il s'entendait dire par Notre Seigneur : « Tu es scrupuleux ; sois donc délicat. » Et encore : « Je veux que tu renonces constamment à t'étudier, à t'examiner, à faire l'analyse anxieuse de ta conscience ; et la preuve que je le veux, c'est que je te rends ce travail stérile,

pénible, dangereux... Peut-être voudrai-je encore
que tu t'abandonnes à moi sans pouvoir me sentir
et m'atteindre... Je t'obligerai, comme Pierre, à
marcher sur les eaux mouvantes, à venir à moi
qui te semblerai un fantôme insaisissable. Tu veux
tout raisonner; et moi je veux de toi l'holocauste
de ton intelligence raisonneuse... Je veux t'amener
à l'humilité d'esprit. »

Il y allait donc de son mieux par un effort souvent répété d'obéissance, de docilité volontairement aveugle. Qu'il s'agît de spiritualité ou de doctrine, il se voulait humble, soumis, confiant. Au
moment de partir pour le scolasticat de Jersey,
méditant l'humilité de la Sainte-Vierge, sa mère si
particulièrement aimée, il notait cette résolution
significative : « Je vais en philosophie. Avec mon
âge, mon extérieur, mon tour d'esprit, ma réputation, une chose est à craindre : c'est que je prenne
des airs d'étranger de distinction, de noble audi-
teur, de contradicteur et de juge. Dieu m'en garde !
Je veux être disciple, élève, écolier, humble,
simple, me rendant volontiers, acceptant la doctrine. Oh ! oui, je veux cela. » C'était bien dans le
même esprit qu'il écrivait, pour les garder comme
un trésor, « les précieuses directions » qu'il recevait
du premier maître de son âme. Dans cette lutte

pour la paix, il ne savait pas de meilleures armes que l'obéissance et l'humilité.

Nous l'avons vu en outre observer avec sagesse que pour balancer la mobilité de l'esprit et sa curiosité féconde en angoisses, il n'est que de développer largement la vie du cœur. Il appliquait donc à l'amour toutes les énergies du sien, et ce qu'il aimait ainsi d'un élan à la fois voulu et passionné, c'était Dieu, c'était Notre Seigneur et sa Très Sainte Mère. Il cite un jour cette parole qu'il a lue quelque part : « A trente ans, le cœur se bronze ou se brise », et il ajoute pour son compte : « Celui qui a dit cela n'a jamais aimé Jésus-Christ ».

Il l'aimait lui ; il aimait la Sainte Eucharistie, la Communion, la présence réelle, et il en parlait pour lui tout seul avec une fleur de poésie bien naturelle et sincère. « Le tabernacle est la grande attraction de l'église catholique. Pauvres églises de campagne, nues, vides, visitées par le chrétien qui s'y trouve seul et recueille pour lui seul les bénédictions du délaissé ; — églises entrevues dans le feuillage, dans un bouquet d'arbres, par la fenêtre du wagon qui s'enfuit ; — petites chapelles parées, recueillies, obscures, pleines d'un parfum d'encens, où chantent de douces voix, où quelques âmes adorent l'hostie exposée... attraction de l'ostensoir,

circulation de l'hostie à l'âme, de l'âme à l'hostie !... »

Or, ce n'était point là poésie pure. L'âme souvent
combattue et anxieuse ne cherchait pas simplement dans l'amour de Jésus-Christ un dérivatif à
ses troubles, encore moins un prétexte aux rêveries
tendres ou aux effusions lyriques. Loin de prendre
toujours le Sauveur par ses côtés gracieux et
suaves, elle l'acceptait tel qu'il est, tout entier, avec
ses douleurs et sa croix d'où elle espérait pour elle-
même apaisement et courage. « Que l'agonie de
Notre Seigneur est donc admirable ! Comme il a
voulu être vraiment homme, homme dans toutes
les défaillances de notre nature, humblement
affaissé sous la douleur et ne s'en cachant pas !
Point de stoïcisme, d'orgueil qui se raidit. Si un
Épictète quelconque avait vu mon Seigneur étendu
à terre, il l'eût rudoyé : « Allons donc ! Vous vous
laissez aller ! N'êtes-vous donc pas un homme ? »
Orgueil menteur. Voilà l'homme, au contraire,
Ecce homo, triste à en mourir, et il l'avoue, pris de
peur, saisi de dégoût, d'épuisement, de détente
morale, sans ardeur au sacrifice ; si faible, trouvant si peu d'énergie intérieure qu'il a besoin
d'être consolé.....

« Moment douloureux où Notre Seigneur lâche

lui-même sur son propre cœur les grandes eaux de
la tribulation. Pourquoi l'a-t-il fait ? Pour moi.....

« Il marche vers la douleur. Les onze l'accom-
pagnent jusqu'au parvis ; puis trois seulement le
suivent au sanctuaire. Enfin, grand prêtre, il entre
seul au Saint des Saints de la souffrance ; il y
entre les mains teintes de son propre sang, sueur
merveilleuse qui les inonde. Là, nul ne le suit.
*Potestis bibere calicem ?... Attendite et videte si
est dolor sicut dolor meus.*

« Et maintenant que dire ? Que penser de mes
tourments, de mes brisements d'âme, de ma vie si
souvent abreuvée de fiel ?..... Oui, les souffrances
de Notre Seigneur et son agonie sont bien particulièrement à moi. Il savait que je passerais par là
dans une large mesure : tristesses mornes, poi-
gnantes, accablantes, dissolvantes ; frayeurs, peurs
torturantes, à tordre dans l'angoisse mon être tout
entier ; ennui, dégoût d'une âme qui se répand
comme l'eau, inerte, épuisée, sans ressort.....
toutes souffrances qui sont miennes et que je puis
unir à ses douleurs..... Qu'il soit béni ! »

Il aimait donc Jésus-Christ comme l'affligé son
consolateur, mais il l'aimait aussi comme le soldat
un chef héroïque. En vain écrit-il en 1883 : « Je
suis réfractaire par nature à l'enthousiasme cheva-

leresque » ; tournez la page et voici qui ne s'accorde pas tout à fait avec ce début.

« C'est une chose remarquable que l'union de cœur, le rapprochement énergique opéré par la guerre entre les hommes qui la font de concert. On dit : César a gagné telle bataille, et d'aucuns s'indignent. Et les soldats, disent-ils ? N'est-il pas intolérable que tout l'honneur revienne au chef, toute la peine à cent mille braves inconnus ? — Voilà une réflexion que le soldat ne fera jamais lui-même. Il s'identifie à son chef... C'est toute l'armée qui est César, toute l'armée qui est Napoléon. C'est donc bien César et Napoléon qui ont vaincu. Ainsi dans l'armée des martyrs, toute *animée* par Jésus-Christ, c'est bien Jésus-Christ qui triomphe. *Christus vincit.*

« Voyez Napoléon, cet illustre égoïste, qui sacrifiait tant d'hommes à sa gloire. Sur le champ de bataille il s'établissait une très sincère et sympathique union entre lui et sa troupe. « Mes enfants », disait-il, et on l'idolâtrait, et on mourait avec ivresse pour ce grand égoïste.

« Voyez dans l'antiquité : ces couples homériques, Achille et Patrocle..... ; chez nous, Olivier et Roland. C'est à qui s'immolera pour l'autre, à qui sauvera l'autre. Sublime folie !

« Eh bien ! il est vrai à la lettre : dans le combat de la vie, le Jésuite peut renouveler, mais en la transformant, en l'élevant, en la divinisant, cette union, cette amitié guerrière, et cela avec Notre Seigneur Jésus-Christ en personne. »

Il concevait donc au vrai l'amour comme une flamme agissante et guerrière ; mais la tendresse n'y perdait rien. Et n'est-ce pas avec toute sa nature que l'homme doit aimer ? Or, je demanderais volontiers au lecteur pieux s'il a rencontré beaucoup d'élans de tendresse à la fois plus passionnés et plus chrétiennement raisonnables que celui-ci. Le Frère Tricard médite les joies de Jésus-Christ ressuscité.

« *Intra in gaudium Domini tui*. Plonge-toi dans l'océan de joie qui inonde ton Seigneur, ton bien-aimé. — Honte à moi, si j'avais aujourd'hui un regard pour mes misères, si mes tristesses personnelles m'effleuraient et ne s'absorbaient pas dans la joie délicate, aimante, sainte, de voir mon Amour heureux ! Je suis souillé, triste, anxieux de l'avenir, pécheur, laid, malade, appesanti par mon corps. Qu'importe ? Mon Jésus est pur, joyeux, paisible, beau, heureux, allègre, tout baigné des flots de l'allégresse. Honte à moi si, à pareil spectacle, je trouvais le temps de prier pour moi !

Non, non ; je ne demande rien ; je regarde mon Amour en silence, et, le voyant si beau, si pur, si heureux, la joie emplit mon cœur.....

« La résurrection ! Une rose morte et séchée qui soudain refleurit, verte, odorante, fraîche, radieuse ; — un lis flétri qui se relève avec sa blanche et pure corolle ; — un petit enfant mort sur les genoux de sa mère, pâle, livide, et qui se ranime, qui rit, qui tend ses bras et embrasse cette pauvre mère..... Tout cela n'est rien. — Les plaies s'effacent, la pâleur fuit, la chaleur renaît, le frais et pur coloris embellit la chair sacrée ; les cinq plaies rayonnent comme cinq roses du Paradis, et le front resplendit d'une couronne merveilleuse où chaque blessure est devenue un fleuron. Non pas couronne surajoutée — la radieuse beauté n'en a que faire — mais couronne qui fleurit de la tête même du Seigneur. — O chair innocente ! La chair est le grand péril de l'homme ; celle-ci est si pure qu'elle fait les vierges, qu'elle purifie les corps et les esprits eux-mêmes.

« Le torrent de joie part de la Divinité, envahit l'âme sainte et déborde sur le corps qu'il baigne de ses ondes. *Intra in gaudium Domini tui*.....

« J'aime assez Notre Seigneur pour lui livrer toutes mes joies, s'il le voulait, afin d'accroître encore les siennes. Oh ! oui, mon Bien-aimé !..... Oui, j'ai le cœur plein d'allégresse en voyant mon Amour si beau, si pur, si heureux. — Vous êtes joyeux, mon Bien-aimé ? Cela me suffit. Tout me manque, mais je ne vous demande rien puisque vous avez tout.

« Au ciel, mon bonheur sera de vous voir heureux. Agenouillé ou accroupi près de vous, et là, en silence, savourer le plaisir de vous regarder à jamais : voilà mon ciel. Qui parle de gloire, de trône ? Non, en vérité, non, je ne veux ni trône, ni gloire. Qu'est-ce que cela me fait ? J'aime bien mieux être tout près de vous, à vous dévorer des yeux, mon Jésus, mon Trésor, que d'être plus loin de vous sur un trône. Être tout près de vous, ignoré, inconnu, servant, si vous le voulez, d'escabeau à quelqu'un de vos grands Saints, mais bien placé pour vous voir et jouir de Vous : voilà mon ciel. »

VI

Ainsi, conformément à son programme, déve-
loppait-il en lui la vie surnaturelle du cœur, pour
faire équilibre à l'activité parfois troublante de
l'esprit. Mais le tableau de son âme serait trop
incomplet si je ne signalais au moins, pour finir,
sa rare dévotion envers la Très Sainte Vierge.
Congréganiste, il l'avait déjà beaucoup aimée; Religieux, mûri avant l'âge, il lui garda toujours une
tendresse ardente et simple, une véritable tendresse d'enfant. Le témoignage en est partout,
dans ses notes intimes comme dans ses compositions poétiques, et je n'en finirais pas de le recueillir.
Il lui avait spécialement dédié la plus belle peut-
être de ses œuvres, ce Palestrina où, de son
propre aveu, il avait prétendu s'exprimer lui-même

tout entier. Mais surtout il lui avait consacré sa
personne, sa vie, son avenir éternel. C'est en 1884,
au début de son cours de philosophie, qu'il se
donnait plus solennellement à elle. Je transcris
l'acte où cet esprit supérieur et parfois tourmenté
se montre si filialement, disons même si naïvement
pieux.

« Ma Mère bien-aimée,

« *A planta pedis usque ad verticem capitis tuus
sum ego.* — Je me consacre à vous tout entier, ma
Mère ; je me donne à vous, ma Dame, ma Reine,
mon Espérance ; je me donne à vous corps et
âme, en présence de mon Amour qui est en ce
moment dans mon cœur. Je vous consacre et vous
confie, sans en excepter une, toutes les actions,
toutes les souffrances de ma vie : — les plus petites,
parce que vous êtes ma bonne Mère et que rien
n'est trop petit à vos yeux ; — les plus grandes,
parce que vous êtes toute-puissante et mon plus
ferme espoir. Je vous donne ma vie jour par jour,
heure par heure, goutte par goutte ; je vous donne
ma mort, où je vous attends, ma Mère, bien per-
suadé que vous ne manquerez pas au rendez-vous.
Je vous consacre mon Purgatoire où je me réjouis

de souffrir, pour arriver très pur devant vous. Je vous consacre mon ciel, mon ciel éternel que je désire en partie pour vous voir, ô Mère que j'aime et que je n'ai jamais vue. « *Vous me réjouirez de l'aspect de votre visage* ». — Je vous offre en particulier mon vœu de chasteté, que je fais à Jésus pour votre amour, et je vous le confie. *Suscipe me in servum perpetuum.* O vous qui vous disiez l'esclave du Seigneur, je me fais votre petit esclave, esclave d'esclave, *vicarius* : donnez-moi la profonde humilité d'esprit et de cœur.

« Enfin, Mère, Mère, de toute l'énergie dont je suis capable, je vous fais cette prière comme congréganiste et comme Jésuite : daignez aujourd'hui, aujourd'hui même, dire pour moi à Notre Seigneur, de vos lèvres bénies, ces six paroles : « *Mon Fils, faites-en un saint.* » Oh ! je vous en conjure, dites-le ; c'est bien aisé pour vous ; pour moi, c'est un bienfait sans prix. Saint ! Vous savez qu'à tout prix je veux l'être, que je ne demande rien autre chose. *Quid mihi est in cœlo et a te quid volui super terram?* Dites-le à mon Bien-aimé maintenant, tandis qu'il est en moi. Voyez, le voilà tout à moi. Eh bien ! je vous l'offre, lui, votre trésor, mais à cette condition. Autrement, *tenui nec dimittam.* — O Mère, ces six paroles ! Je vous tiens quitte alors ;

je ne demande ni santé, ni joie, ni consolation, ni quoi que ce soit au monde. — *Amorem solum cum gratia mihi dones et dives sum satis.*

« Votre enfant indigne mais qui vous aime, Henri S. J. et congréganiste. »

Il existe dans l'humble mobilier du Noviciat une statue peinte de la Vierge Mère, non pas irréprochable peut-être au point de vue plastique, mais dont l'expression fait honneur au sens chrétien de l'artiste. Donnée par un novice qui mourut avant ses vœux (1), elle s'appelait tout d'abord *sedes sapientiæ*, et, sous ce vocable, elle n'attirait guère plus l'attention que les autres images pieuses qui abondaient naturellement autour d'elle. Un jour cependant, on s'avisa d'en tirer la photographie, et, à cette occasion, Henri Tricard la célébra dans quelques strophes qui la font voir au naturel et qui, d'ailleurs, sans qu'on fût obligé de le savoir, répondaient si bien aux préoccupations intimes du poète.

> O charmante, ô douce Madone !
> Sainte image d'où l'œil ne se peut détacher,
> Le charme qui de toi rayonne,
> Le rendrai-je en mes vers ? Ce désir m'aiguillonne.
> Je manquerai le but ; mais j'en veux approcher.
> O charmante, ô douce Madone !

(1) Le F. Étienne de Montigny.

Pur visage embelli d'un éclat tout céleste,
      Attitude modeste,
Regard que la pudeur a chastement voilé,
Austère et doux parfum dans notre âme exhalé :
A ces divins attraits que le cœur s'abandonne !
     Devant cette virginité,
On répète d'instinct son vœu de chasteté.
      O charmante, ô douce Madone !

La Vierge dans ses bras tient le Maître du monde ;
Elle dit : Mon enfant, et l'enfant est son Dieu.
Nous contemplons ravis l'éclat qui vous inonde,
O Mère; et ces grandeurs, que vous y songez peu !
Que dites-vous tout bas, humilité vivante?
Vous murmurez : Seigneur, je suis votre servante.
Et moi, parmi les traits qui font votre beauté,
Entre tous les fleurons qui font votre couronne,
     J'aime votre simplicité,
     O charmante, ô douce Madone !

      Jésus tranquille et grave,
      Dans sa grâce suave,
Attire en se jouant le manteau maternel.
Mais contemplez Marie! Avec quelle tendresse,
Dans ce manteau de mère elle cache, elle presse
Les pieds du doux enfant qu'elle a reçu du Ciel !
Comme on sent le respect dans sa main qui caresse,
Et comme en son Jésus elle voit l'Éternel !
Sur le front de son fils qui sourit et qui joue
La Mère souriante a reposé sa joue ;
     Et sans un mot, sans un regard,
Dans la tranquillité d'un enfant qui sommeille,

> Leur cœur comprend, leur amour veille.
> A ce muet bonheur quelle joie est pareille ?
> — O mère, à cette ivresse un jour nous aurons part.
> Oui, pressez le trésor que le Seigneur vous donne :
>   C'est votre suprême beauté,
>   La divine maternité,
>   O charmante, ô douce Madone !

>   Le trait où de la chère image
>   Viennent se fondre tous les traits,
> N'est-ce point un bonheur sans trouble, sans nuage ?
> N'êtes-vous pas, ô Vierge à qui va mon hommage,
>   NOTRE-DAME DE LA PAIX ?
>   C'est le nom que mon cœur vous donne.
>   Vous êtes la sérénité,
>   La céleste suavité,
>   O charmante, ô douce Madone !

Le cœur du poète avait rencontré juste et le commun suffrage consacra ce titre nouveau. Depuis sept ans, la statue est devenue grandement populaire ; pour tous elle s'appelle Notre-Dame de la Paix. Les jeunes Frères d'Henri Tricard n'ignorent pas à qui remontent ce vocable et cette dévotion spéciale. Ils sauront désormais que la statue aimée reste ainsi comme un souvenir des combats intimes que leur devancier soutint vaillamment pour pacifier en Dieu son âme ardente et quelquefois agitée. En se rappelant d'ailleurs combien sa

fin fut sereine, ils ne douteront pas que Notre-
Dame ait été fidèle au rendez-vous où il l'avait
appelée et que, dans sa lutte pour la paix, elle
l'ait rendu victorieux.

TROISIÈME PARTIE

LE TALENT

TROISIÈME PARTIE

LE TALENT

———

I

Passer de l'âme au talent, n'est-ce pas quelque peu déchoir, et le lecteur qui aura pris intérêt aux luttes morales du jeune Religieux se laissera-t-il volontiers ramener à des questions d'ordre littéraire ? Quoi qu'il en soit, j'ose croire que l'impression de répugnance durerait peu. La littérature bien entendue est-elle autre chose qu'une expression achevée de l'âme ? Aussi bien, chez Henri Tricard, l'âme et le talent ne font qu'un. Point de cette poésie légèrement factice, telle qu'on la concevait, hélas ! même

au grand siècle; point de jeux d'esprit sur une
donnée imaginaire ou du moins étrangère aux
croyances vraies et aux sentiments profonds du
poète. En revanche, nous ne trouverons pas, Dieu
merci, l'effusion sans dignité ni mesure, l'étalage
égoïste où se complaît, par réaction, la muse contemporaine. Ici c'est une âme qui, en toute probité,
traduit et chante ce qu'il y a de meilleur en elle,
non pour en faire montre, mais pour en faire part,
et en vertu de ce besoin très noble qui pousse le
bien à se communiquer.

Je parle de poésie parce que le jeune mort dont
je recueille les souvenirs ne laisse rien ou à peu près
rien qu'en ce genre. Mais pour apprécier mieux le
mérite même du poète, il importe de fixer en
quelques mots les caractères généraux de son talent.
Et qui peut nous empêcher désormais de lui rendre
exacte et pleine justice? Talent souple, qui s'annonçait vraiment universel dans le domaine de la
pensée. La première fois que, pour ma part, j'en-
tendis prononcer le nom du brillant élève de Sainte-
Croix, on vantait la manière exceptionnelle dont il
venait de passer le baccalauréat ès sciences. J'ai dit
ailleurs quelle estime on fit plus tard de ses aptitudes philosophiques et, si l'on me permet un mot
de gratitude personnelle, j'ai appris à mon bénéfice

jusqu'où allait dans les questions d'art les plus déli-
cates sa pénétrante sagacité (1).

Dieu donc lui avait donné une intelligence étendue autant que profonde, capable de s'intéresser
aux objets les plus divers, mais surtout d'y répandre
la clarté, la clarté qui était le premier besoin et
comme la marque saillante de son tempérament
intellectuel. On verra du reste que l'imagination n'y
perdait rien ni le sentiment. Très ferme sur les
principes mais large dans les jugements et la pratique, il savait écouter et comprendre, entrer dans
les vues de ses interlocuteurs ou dans les objections
de ses adversaires, en tout amoureux du vrai, mais
aussi du grand et du beau. L'élévation fut encore
une des notes caractéristiques de son intelligence,
mais une élévation toute naturelle, sans prétention
et sans faste, simple toujours et sensée, car je ne
sais vraiment lequel lui répugnait davantage, de la
vulgarité soi-disant pratique ou du sublime nébu-
leux. Qu'on ne se le figure pas non plus engoué des
grandes et belles choses au point de ne savoir pas
descendre au badinage. Quelques-uns l'ont cru

(1) Je parle du service qu'il a bien voulu me rendre en m'aidant à
améliorer en certains points principaux ma *Théorie des belles-lettres*,
et ce m'est aujourd'hui une consolation de lui en avoir donné acte
publiquement lorsqu'il vivait encore. (*Théorie des belles-lettres* —
seconde édition. Introduction.)

peut-être ; mais ils ne le connaissaient qu'à demi et
ne soupçonnaient pas assez que le préjugé, trop
sensible de leur part, contribuait précisément à
gêner en lui l'expansion, à glacer quelque peu l'heureuse facilité de sa nature. Quand on le mettait plus
entièrement à l'aise, ce talent supérieur mais modeste ne dédaignait point d'avoir de l'esprit et du
meilleur, une gaîté fine, malicieuse quelquefois,
mais que l'on n'accusa jamais de blesser personne.
Il badinait volontiers et le plus joliment du monde
en conversation, dans sa correspondance, malheu-
reusement trop rare, et jusque dans ses compositions
de circonstance. Il est vrai que là, rentré sur le terrain de la poésie, une sorte d'instinct quasi invincible le portait de préférence à tout agrandir et embellir. Mais en lisant les pièces ou fragments qui
terminent cette notice, on le verra capable de la simplicité la plus gracieuse comme des élans les plus
hardis. On verrait de même sa gaieté spirituelle et
franche, s'il ne convenait de tenir dans l'ombre cer-
taines productions trop intimes et qui valent surtout par des allusions vides de sens ou d'intérêt pour
le lecteur.

Henri Tricard avait la conception facile et la
composition rapide, trop rapide même quelquefois,
surtout en vers. Mais c'était fougue d'esprit et non

pas frayeur de l'effort. Comme tout talent de bonne marque, il fut un grand et obstiné travailleur, et Dieu permit pour sa consolation que sa maladie lui laissât d'ordinaire la tête fraîche et la pensée libre. Il lisait avec délices, au point de s'en inquiéter pour sa perfection. « J'ai le désir si impétueux et si passionné ! Par exemple, quand il s'agit d'un livre, c'est bien un feu qui dévore. » En raison de son étonnante maturité, on lui accordait en ce genre une latitude qu'on eût justement refusée à d'autres, et un jour qu'il sollicitait l'autorisation de parcourir je ne sais quel ouvrage, « Lisez, lisez, lui dit son supérieur : vous avez toujours eu trente-cinq ans. » Mais plus la direction était large, plus il tenait à honneur d'être discret. Ainsi lui arriva-t-il de ne pas ouvrir tel roman de Zola, uniquement parce qu'il ne voyait aucun profit à remuer cette ordure.

Par ailleurs, toute lecture lui était profitable : c'est qu'il la faisait toujours sérieuse. J'ai dit que, pour mieux se rendre compte d'un livre, il aimait à l'analyser en conversation. Mais en outre il s'était imposé de l'apprécier par écrit, et il a laissé deux gros cahiers où chaque résumé vient à la suite avec un numéro d'ordre. D'après ce document il avait ainsi dépouillé, la plume à la main, huit cent-quinze ouvrages ou opuscules. Religion, philosophie, histoire ou littérature, tout a sa place dans le musée d'esquisses ; tout y est apprécié avec une critique judicieuse, mais indépendante, hardie même, d'autant plus qu'elle est pour lui seul. « De la moelle de lion ! écrit-il en riant à un ami. Après ma mort, vous imprimerez cela sous ce titre : Journal d'un liseur. » De fait, si Dieu lui avait laissé le temps de devenir célèbre, on ne manquerait pas de publier cette mosaïque, et l'on nous donne aujourd'hui des fonds de portefeuille moins intéressants que celui-là.

Je me priverai, quant à moi, d'en rien extraire, car j'ai hâte d'aborder le côté le plus saillant de ce talent trop vite disparu.

II

Ce jeune Jésuite n'était pas un simple lettré,
capable, comme mille autres, d'un vers heureux,
d'une strophe gracieuse ou d'une tirade éloquente.
Il était né poète, il avait bien ce que l'on nomme le
rayon. Qu'est-ce à dire ? Une réelle aptitude à la
grande poésie lyrique, élégiaque, philosophique, un
sentiment prompt et vif des harmonies de la nature
avec l'âme, et en général, dans la conception des
objets, ce tour d'imagination, j'oserais dire cette
magie spontanée, qui les transfigure en les revêtant
de magnificence ou de grâce. Voilà par où, dans ses
bons endroits et sans rien qui sente le pastiche,
l'imitation même, il fait songer tantôt à Musset,
tantôt à Lamartine. Imaginez, cela va sans dire, un

Musset chaste et digne, un Lamartine vraiment religieux, en garde contre le vague et le rêve, contre
l'effusion redondante et molle, mais surtout contre
le sensualisme, ce sensualisme toujours palpitant
chez le grand et malheureux poète sous une gaze
de spiritualisme qui ne trompe que les fanatiques
ou les naïfs. Ici, l'inspiration est précise et pure, la
mélancolie virile, la touche à la fois délicate et fière.
C'est l'avantage de l'âme chrétienne sur celle qui ne
l'est qu'à demi ou qui a cessé de l'être. On pense
bien que si j'accole à ce nom modeste ceux de
Musset et de Lamartine, je ne prétends pas établir
une égalité. Je ne veux que marquer par analogie le
trait caractéristique du talent, le don original et de
nature.

Comment, avec cette vocation prononcée pour
la description, l'élégie, l'expression poétique de la
doctrine, Henri Tricard n'a-t-il publié que des
drames, des drames de collège s'entend? C'est que,
sa profession étant donnée, il trouvait là pour son
talent un emploi immédiat, pratique, apostolique.
Il y aurait d'ailleurs injustice à penser qu'il s'est
mépris sur ses véritables aptitudes et qu'il n'était
point capable d'une œuvre théâtrale de haute
valeur. Mais il reste vrai que Dieu l'avait fait surtout lyrique, descriptif, élégiaque, et, jusque dans

son Théâtre, ce sont bien là les qualités qui ressortent le plus.

Le public a de lui trois tragédies : *Alfred le Grand*, *Vitus* et *Garcia Moreno* (1). Je les rappellerai brièvement, et d'ailleurs je me sens à l'aise pour les apprécier : elles sont de celles qui méritent l'honneur d'une critique sérieuse.

Alfred vaincu, fugitif, mais préparé par la souffrance à fonder tout de nouveau une Angleterre chrétienne, ressaisit la victoire et le trône, en même temps qu'il délivre son fils Edmond livré par un traître aux Danois. Sur ce thème, le premier qu'il ait exploité, Henri Tricard a semé avec une sorte de prodigalité juvénile des complications d'incidents et de passion qu'on peut trouver excessives. Il semble aussi que, par endroits, le sentiment se raffine et se subtilise quelque peu. Mais quels beaux accents élégiaques dans le rôle principal où l'auteur, nous l'avons dit, a mis quelques traits de ses propres épreuves ! Par-dessus tout, quel lyrisme çà et là, d'ailleurs lyrisme bien attaché au drame lui-même et où le personnage ne s'efface pas

---

(1) *Alfred le Grand*, drame en quatre actes et en vers. Paris, Retaux, 1889. — *Vitus* (le lis sanglant), drame en quatre actes et en vers. Retaux, 1889. — *Garcia Moreno*, drame en cinq actes et en vers. Retaux, 1890.

derrière le poëte, mais où le poëte laisse voir ses aptitudes maîtresses! Tel est ce couplet du vieux roi de mer Guthrum, gourmandant ses compagnons las d'aventures et qui rêvent de cultiver en paix la terre conquise.

> Quoi! sur un sol ingrat plier la taille humaine,
> Quand le libre Océan s'offre à tous pour domaine!
> Mais, fils des rois de mer, tous nés sur un vaisseau,
> Les flots vous ont bercés dans ce rude berceau;
> Mais plus tard, dans les cieux quand éclatait l'orage,
> Tous vous avez connu *la fièvre de courage* (1),
> Feu sacré, mal divin qui brûlait votre sang.
> Ah! quand le flot se dresse et s'abat rugissant,
> Dans la trombe emporté quand le vaisseau tournoie.
> Rappelez ces instants d'ardente et sombre joie :
> L'homme et l'onde luttant de fureur et d'effort ;
> Puis, si l'homme a vaincu, s'il reste le plus fort,
> Cette ivresse d'orgueil, quand il triomphe et passe.
> Faisant cingler sa nef en maître de l'espace.
> — Si parmi les combats la mort vient les saisir,
> De nos héros tombés rappelez le désir.
> Ils veulent reposer sous la grève sauvage,
> Dormir au bruit des mers et tout près du rivage.
> Où le fracas des flots sur le sable roulés
> Fait tressaillir encor leurs restes consolés... (2).

Vitus (saint Guy) est un jeune chrétien mêlé

(1) Nom consacré parmi les pirates danois.
(2) *Alfred le Grand*, acte II, scène IV.

par la Providence aux événements qui détermi-
nent sous Dioclétien la dernière persécution géné-
rale. On me pardonnera de rappeler que, pour
peindre cette figure d'enfant thaumaturge et martyr, le poète avouait s'être inspiré d'un type vivant
sous ses yeux, de ce jeune Léon Besnardeau qui
devait le précéder dans la mort et dont quelques-
uns de mes lecteurs connaissent peut-être la **vie**
toute simple et toute sainte (1). C'était à lui que
pensait Henri Tricard quand il faisait dire par l'un
de ses personnages à propos de Vitus lui-même :

> Le saint demeure enfant et ne se connaît pas...
> Admirons, mais tout bas, cette vertu sans tache ;
> Que le culte muet sous l'amitié se cache ;
> Respirons le parfum ; ne le vantons jamais...

Ce second drame est d'une composition plus
sobre et plus vigoureuse que le premier. Mais
malgré tout, la poésie éclate et déborde, poésie de
la nature ou poésie des situations. Voici les chrétiens qui voient dans le calme incertain de la mer
une image de leur situation menacée.

____

(1) *Léon Besnardeau, Scolastique de la Compagnie de Jésus*, 2ᵉ édit.,
Retaux, 1891.

> Dans ta paix sereine et puissante,
> O mer, tu sembles sommeiller,
> Demain vas-tu te réveiller,
> Sombre, terrible ou caressante (1) ?

Voici le héros, Vitus, qui s'élève insensiblement à l'extase en répondant au fils de Dioclétien, Valerius, jeune néophyte guéri et converti par lui-même, d'ailleurs trop peu instruit encore pour goûter Dieu autant que le voudrait son ami...

> ..... Maître, est-ce vrai, vous connaît-il si peu ?
> Vous êtes là, pourtant, là, tout près... Sur la terre
> Tout murmure s'éteint dans la nuit solitaire ;
> Et parmi le silence auguste, solennel,
> L'homme entend l'ineffable, entretient l'éternel,
> Cœur à cœur avec vous dans un divin colloque...
> Quoi ! notre œil vous poursuit, notre foi vous invoque,
> Et vous cherchant, Seigneur, nous perdrions nos pas !
> Vous vous cachez ! — Non, non ; je ne le croirai pas.
> Mais la mer, dont le vent nous apporte la plainte,
> Cette mer vous connaît et s'arrête avec crainte
> Au trait que votre doigt sur le sable imprima.
> Ces feux qu'en se jouant votre droite alluma
> Sur les chemins du ciel marchent, brillante armée,
> Qui passe en acclamant celui qui l'a formée,
> Déploie avec lenteur ses épais bataillons
> Et pour vous resplendit d'éblouissants rayons (1)...

(1) *Vitus*, acte I, scène V.
(2) Acte I, scène II.

Poésie encore, et tout à la fois lyrique et dramatique, cette scène du troisième acte, la plus saisissante de l'œuvre entière. Dioclétien, Galère, le
tribun Constantin et les conseillers impériaux déli-
bèrent sur le sort du christianisme. Déjà les fidèles
sont chassés du palais; Vitus seul y est encore
souffert en qualité de sauveur et d'ami du jeune
prince. Il ose donc pénétrer dans l'assemblée pour
plaider la cause des innocents. Mais tout à coup,
saisi et dominé par l'Esprit divin, l'avocat se
change en prophète; il promet l'empire à Constantin et le chatiment aux persécuteurs qu'une
force surhumaine contraint à l'écouter jusqu'au
bout (1). Le dénouement lui-même est tout poétique. Constantin a fui; la persécution est résolue.
Le fils de Dioclétien, Valerius, a renié sa foi plutôt
que de voir Vitus tomber sous le glaive; mais il
meurt lui-même, foudroyé par la conscience de sa
faute. Le thaumaturge enfant le ressuscite pour lui
permettre un moment de repentir, puis le rend à
la mort; fiction hardie mais acceptable, que l'auteur défendait avec une énergie singulière. Enfin,
frappé par le bourreau, Vitus trempe un lis dans
son sang et l'envoie à son propre père, le persécu-

(1) Acte II, scènes VI, VII.

teur Hylas, dont la conversion s'entrevoit dans
l'avenir.

On a dit et justement, si je ne me trompe, que,
lorsqu'il concevait un drame, notre poète avait
tout d'abord l'imagination saisie par trois ou quatre tableaux touchants ou splendides qu'il dessinait
de main de maître, mais sans les encadrer toujours
dans un ensemble assez vigoureux. Cette remarque
s'applique jusqu'à un certain point à *Garcia
Moreno*, sa troisième tragédie. Musée héroïque et
charmant où la même figure apparaît sous les
aspects les plus divers, où le glorieux président de
l'Equateur est tour à tour ami, père, maître indul-
gent, tolérant même, pour un pauvre esclave païen,
homme d'état, homme de guerre, catholique,
dévot et martyr. A part le troisième acte où il
surprend les conjurés assemblés chez l'ambassadeur
du Pérou, leur complice, acte parfaitement com-
posé et mené avec un entrain vraiment scénique;
on peut, en rigueur, désirer quelque peu dans
l'ensemble cette puissance de liaison, cette belle
intensité de lutte morale et intime qui fait l'agrément souverain de la tragédie. Et cependant tel est
le charme des tableaux pris à part, tel aussi l'effet
poétique de leur contraste, que le spectacle offre
en dernière analyse un vif intérêt. L'auteur avait

deux problèmes à résoudre: marier assez bien la fiction avec l'histoire, revêtir d'une élégance suffisante des idées prises en pleine vie moderne et familière. Il s'est tiré du second avec une habileté souvent piquante; mais dans la solution du premier il sera permis, je crois, de le trouver moins heureux, trop timide à l'invention par scrupule de fidélité historique. A cela près, *Garcia Moreno* abonde en traits touchants ou sublimes. Citons au moins quelque chose du testament paternel, de cette scène où le héros chrétien, trop sûr de mourir, s'attache à graver dans la mémoire d'un enfant de huit ans des recommandations qui plus tard seront mieux comprises.

> Écoute et pour jamais rappelle-toi cette heure,
> Et dans ce cabinet le suprême entretien
> Où mon cœur jusqu'au fond s'épancha dans le tien.
> Fixe bien ce décor dans ta jeune mémoire:
> Le Sacré Cœur; — ici, le crucifix d'ivoire,
> Et puis ta sœur du ciel qui nous regarde là.

GABRIELITO

Oh! que vous m'effrayez! A quoi bon tout cela?

MORENO

> Tu grandiras, mon fils, et le monde frivole
> Te dira: Profitez de l'instant qui s'envole.

Sans scrupule, docile à la voix du désir,
Cueillez la joie humaine et la fleur du plaisir.
— Hélas ! fleur en effet, fleur trompeuse et fragile
— Mais toi, tu répondras: J'en croirai l'Evangile :
J'en croirai plus que vous un conseiller plus sûr :
Mon père, qui m'a dit de rester toujours pur.

. . . .

Tes actes de chrétien te vaudront plus d'un blâme ;
On te dira : la foi doit s'enfermer dans l'âme.
Par ces actes rampants qu'une femme accomplit
L'esprit se rapetisse et l'homme s'avilit.
— Et toi tu répondras : je garde ces pratiques,
Car mon père priait avec ses domestiques ;
Il disait son rosaire, et sans honte, en tout lieu,
Il méditait ; souvent il recevait son Dieu ;
De la Vierge il aimait le culte populaire
Et sur son brave cœur portait le scapulaire.
Était-il une femme au milieu du péril,
Ce dévot — que plusieurs ont trouvé trop viril ?

. . . .

Ils te diront encor : La morale et la foi
De l'Église ici-bas forment tout le domaine ;
Mais les peuples sont mûrs, mais la famille humaine
D'un pas indépendant peut suivre son chemin,
Sans porter la lisière ou lui tenir la main...
— Ah ! oui ! Nous en voyons l'expérience amère !
On n'est jamais trop mûr pour écouter sa mère.
Le beau rêve s'enfuit, dont l'orgueil triomphait.
— L'Eglise, Gabriel ! Tout le bien que j'ai fait,
C'est son œuvre d'abord, et je l'ai fait par Elle.
Des peuples baptisés tutrice naturelle,
Vers le ciel, avant tout, elle guide leurs pas ;

Mais elle fait encor leur bonheur ici-bas,
Et sur tout vrai progrès sa marque est imprimée.
Aime-la bien toujours : je l'ai beaucoup aimée (1)...

De fait, et comme la vie même du héros, cette dernière tragédie d'Henri Tricard est pleine d'un amour passionné pour l'Eglise d'abord, puis pour cet idéal de politique chrétienne tracé depuis Garcia Moreno et plus vigoureusement que jamais dans les trois célèbres encycliques de Léon XIII (2). Il serait trop douloureux de penser que cela même puisse jamais écarter de la scène une œuvre aussi utile que belle. Non vraiment, pour l'auditoire ordinaire de ces sortes de représentations, je ne puis croire déjà venu le temps où l'on ne supportera plus la vérité.

En fin de compte, s'il manque à ces trois grandes compositions une certaine vigueur soutenue de combinaison et de dialogue, un certain fini dans l'exécution des détails secondaires et peut-être l'expérience pratique du métier d'impresario ; encore dépassent-elles, et sans comparaison possible, une foule de pièces du même genre, acceptées cependant et applaudies.

(1) *Garcia Moreno*, acte IV, scène VI.
(2) *Immortale...* (1885). — *Libertas...* (1888). — *Sapientiæ christianæ...* (1890).

II

Mais le talent d'Henri Tricard a toute sa liberté d'allure et se montre avec tous ses avantages dans les sept « drames en un acte et en vers » également publiés de son vivant (1). Ici, la brièveté de chaque œuvre étant donnée, on aurait mauvaise grâce à réclamer des ressorts puissants, une fable savamment ourdie. Permis à la trame d'être légère, pourvu qu'elle demeure assez vraisemblable, assez solide pour se faire prendre au sérieux. En revanche, notre poète est plus maître de se donner carrière, d'être à son gré, ou plutôt au gré de l'objet, lyrique, descriptif, élégiaque, philosophe ; le voilà dans son domaine et sur son terrain à lui.

(1) Henri Tricard, S.-J. Drames en un acte et en vers. Retaux-Bray, 1888. (*Métastase* seul est en deux actes.)

Aussi ne craindrai-je pas de le dire, ces compositions, moindres en étendue, demeurent son titre le meilleur, et qui les lira comme il faut lire s'inclinera de bonne grâce devant sa supériorité manifeste. Que l'on fasse, si l'on veut, quelques réserves sur la *Nuit d'orage* ou sur *Blasé*, encore bien qu'il s'y rencontre d'excellents traits d'observation ou de poésie; au moins faudra-t-il reconnaître dans le volume cinq œuvres vraiment accomplies, dans cet écrin cinq perles fines d'un agrément peut-être égal mais fort divers.

Croit-on, par exemple, que cet esprit né grave et haut ne sache pas se détendre et sourire ? *Métastase* est là pour répondre; Métastase, c'est-à-dire ce petit Pietro Trapassi qui s'en allait chantant d'improvisation par les rues de Rome, jusqu'au jour où Gravina, le jurisconsulte-poète, le recueille, l'adopte et le met, avec ce nom nouveau, sur la route de la célébrité. Comédie littéraire excellente, où l'on voit aux prises l'art factice, le procédé quasi mécanique, et l'inspiration vraie, vivante, naturelle, trop sensée d'ailleurs pour nier le besoin d'une formation, mais la demandant aux grands modèles plutôt qu'aux rhéteurs, aux poètes plutôt qu'aux poétiques. Gravina est réjouissant avec ses enthousiasmes de faux classique et ses chagrins de dra-

maturge incompris. Le père de Métastase ne l'est
pas moins dans ses fiertés plébéiennes, dans son
refus d'accepter le rôle de chef de claque ou de
trouver bonne après coup une scène qu'il a sifflée
du parterre; c'est un Alceste que cet ouvrier romain. On aime encore dans cette spirituelle composition l'alliance toute naturelle de la gaieté avec
la grâce, voire même avec un attendrissement discret. Écoutez plutôt la *Chanson de la neige* que le
futur Métastase improvise, au début, sous les
fenêtres de Gravina.

> Voici l'hiver; dans sa ramure,
> L'arbre est rigide et sans murmure.
> Plus de feuillage harmonieux.
> Soudain la neige, fleur nacrée,
> Tombe des cieux;
> La neige! Et la terre parée
> Brille à nos yeux.
>
> . . . .
>
> Vois ton manteau, douce Madone;
> La neige blanche le festonne,
> Symbole aimable et virginal.
> Elle a brodé tes chastes voiles,
> Ton piédestal,
> Et constellé ton front d'étoiles
> De pur cristal.

Fuyant les plaines épuisées,
L'oiseau revient à vos croisées :
Riche, pour lui soyez humain.
Je chante aussi, je lui ressemble ;
Sur le chemin,
Tandis qu'au nid de froid l'on tremble,
Je tends la main.

A l'opposé de cette bluette aimable, l'*Héritage* et *La Mennais* nous ramènent à l'élégie, mais à l'élégie virile et grandiose par certains côtés.

Bien que s'inspirant d'un événement réel, l'*Héritage* est, pour ainsi dire, fait de rien, tant les incidents y tiennent peu de place. En revanche, ou peut-être par là même, le développement de la situation et des caractères est poussé jusqu'à une profondeur saisissante. Trois personnages seulement, trois générations de gentilshommes ruinés, vivant à grand'peine du travail de leurs mains : l'aïeul, type d'austérité antique ; le père, en qui la foi languissante laisse fermenter toutes les révoltes ; le fils aîné, adolescent dont les yeux s'ouvrent tristement sur la vie. Les souffrances domestiques s'aggravent encore du contre-coup des malheurs publics, car la scène se passe en 1792, pendant le procès du roi. Parmi ces angoisses, la tentation éclate. Une branche protestante de la famille offre inopinément son opulente succession, mais en exigeant que les enfants passent à la religion prétendue réformée. La lutte est terrible entre la foi de l'aïeul et le désespoir du père; mais enfin Dieu l'emporte, la lettre fatale est brûlée et tout s'achève par une lecture de l'Évangile qui est d'un effet simple et puissant. C'est de l'élégie, disais-je, mais c'est de la tragédie aussi et de la meilleure, de celle qui se joue dans l'âme entre les sentiments les plus forts. A quoi bon détacher quelques vers? Malgré de bien beaux détails, l'ensemble fait ici la grande valeur.

La Mennais, au contraire, n'offre guère que des traits authentiques, fort habilement groupés d'ailleurs autour d'un fait réel et que les circonstances rendent poignant. Un jeune étranger a été converti par une lecture tardive de l'*Essai sur l'indifférence*. Ignorant tout ce qui a suivi cette publication, il accourt à Paris, désireux de s'ouvrir au prêtre illustre et de se réconcilier à ses pieds. La Mennais est à la torture. Et cependant, malgré les excitations railleuses de Béranger, il respecte la foi du néophyte et l'adresse à un autre ecclésiastique avec cet adieu:

..... Je voudrais le dire en paroles de flamme.
Écoutez. — Voulez-vous garder, sauver votre âme,

> Assurer votre vie et votre éternité,
> Goûter la paix du cœur et la sérénité,
>
> Sentir Dieu, conserver le don de la prière,
> Marcher droit jusqu'au bout dans la même carrière ?
> Fuyez bien, pauvre enfant, fuyez le noir écueil,
> L'écueil où tout se brise et qu'on nomme l'orgueil.
> En retour de ce mot, je demande une grâce :
> Priez pour moi... souvent... pour que Dieu me terrasse.

CONRAD

Vous ! Vous !

LA MENNAIS

Pour qu'affranchi de tout respect humain...

CONRAD

Mais je ne comprends pas.

LA MENNAIS

Vous comprendrez demain (1).

J'ai fait entendre, et je ne m'en dédirai point, qu'entre les aptitudes poétiques d'Henri Tricard la plus éminente ne semble pas avoir été celle qui fait les dramaturges. Et cependant n'eût-il écrit que l'*Héritage* et *La Mennais*, il faudrait lui reconnaître

(1) Scène VIII

un sens dramatique réel, délicat, profond. Ici, par exemple, quoi de plus heureux que le groupement des caractères et leurs contrastes ? Ce vieux domestique breton, obstiné à braver les colères de son maître pour le convertir ; — ce jeune Suisse ardent et naïf, comme un néophyte et comme un rêveur alpestre ; ce Béranger, faux bon sens, faux bonhomme, sceptique narquois sous lequel on devine le cynique : ces trois âmes si diverses s'agitent et rayonnent pour ainsi dire autour de l'âme orageuse de La Mennais, toutes utiles à la mettre en saillie en la mettant au supplice, toutes employées à en faire jaillir, comme autant d'éclairs, les passions les plus diverses, haine, colère, honte, remords, attendrissement par-dessus tout ces traits navrants de mélancolie, ces grands cris désolés que l'auteur n'avait pas à inventer mais qu'il sait si bien traduire. N'est-il pas vraisemblable que son talent dramatique, si manifeste quand le cadre n'est pas trop vaste, eût pris avec l'âge assez de vigueur pour soulever et soutenir victorieusement le poids de la grande composition théâtrale ? Mais à quoi bon cette conjecture, ce regret ?

Quelques-uns estiment *La Mennais* son chef-d'œuvre. Je ne sais pas, quant à moi, me résoudre à le mettre au-dessus de l'*Héritage*, non plus que des deux pièces suivantes où le lyrisme et l'élégie dominent *ex professo*.

Contemplez dans *Gratia* la vocation définitive de saint Bernard et de ses frères, entraînant, au dénouement, celle de leur père lui-même. L'élégie c'est, au début, la plainte du vieillard resté seul avec un enfant dans le grand manoir vide.

..... Vous la rajeunissiez, notre antique demeure,
Mes fils ; et, comme moi, la voilà qui vous pleure.
Ingrats qui la quittez, elle vous aimait bien !
Trop petite autrefois, elle est immense et morne,
Silencieux désert, solitude sans borne
Où l'œil cherche, et s'égare et ne rencontre rien.

Mâles voix des aînés au beau timbre sonore,
Rieuses voix d'enfants qui chantiez dès l'aurore.
Comme chante au soleil le murmure des flots.
Mon âme à vos concerts souriait consolée.....
Tout se tait maintenant. La maison dépeuplée
N'entend plus que le bruit lugubre des sanglots.

Le lyrisme, avec ses tons les plus divers, c'est le récit de l'appel divin que chacun redit à son tour ; c'est, pour tout couronner, la révélation faite par Bernard du grand rôle que Dieu lui destine : tableau large, grandiose, plein d'une éloquence entraînante mais attendrie finalement et achevée par ce retour d'humilité.

> Quand je frémis devant l'immense ouvrage,
> Un souvenir relève mon courage :
> C'est qu'en d'autres destins je plaçais mon bonheur.
> Dieu le sait : me tirer de l'ombre et du mystère,
> Comme une torche ardente illuminer la terre :
> Je n'avais point rêvé cet accablant honneur.
> Hélas ! J'eusse été mieux cette lampe allumée
> Qui vit, s'épuise et meurt, doucement consumée,
> Brille devant la Vierge et son image aimée,
> Ou dore d'un rayon la prison du Seigneur.

Palestrina sera moins sublime par l'objet, mais — le dirai-je ? — encore plus intéressant peut-être parce que nous savons que le poète a voulu y mettre toute sa conception du grand art, toutes ses idées sur l'inspiration, tout son enthousiasme pour le beau, d'un mot, toute son âme. Voilà sans doute pourquoi il dédiait cette œuvre à la Très Sainte Vierge, comme la plus personnelle, comme la moins indigne selon lui. Plus que jamais, la trame sera peu de chose. L'audition de la messe du pape Marcel, la musique sacrée sauvée de la proscription par un chef-d'œuvre : simple cadre que tout cela, ou, si l'on veut, léger piédestal fait uniquement pour porter la thèse. Mais dans la thèse même, dans la double scène où le maestro expose, devant son neveu d'abord, puis devant le Souverain Pontife, sa doctrine de l'inspiration artistique, le poète a bien vraiment pris son plus large essor et déployé toutes ses puissances natives. Philosophie, enthousiasme, pittoresque, mélancolie, rien n'y manque et, dussé-je étonner quelques lecteurs, j'avouerai ingénûment mais sans embarras ni scrupule que je n'ai point rencontré dans la poésie contemporaine une page qui l'emporte sensiblement sur celle-là.

Comment donc Henri Tricard entend-il, au moins pour son compte, car il se défend de généraliser d'une façon trop absolue, le grand art, l'inspiration supérieure ? Comme un tourment tout d'abord.

> Oui, l'art — il est bien vrai — nous remplit de souffrance.....
> Pour égaler le beau, lutter sans espérance,
> Certain d'être vaincu dans cet âpre combat ;
> Sentir la foi qui tombe et l'ardeur qui s'abat ;
> Puis de l'œuvre enfantée à sa source idéale
> D'un regard douloureux mesurer l'intervalle ;
> Voir ce poème enfin sorti de notre cœur
> Affronter le sarcasme et le dédain moqueur,
> Subir de l'ignorant la critique insolente ;
> Tout cela c'est l'épreuve, et l'épreuve accablante.

Mais ce n'est pas tout. Si le don artistique apporte avec lui ses douleurs, encore vient-il plus volontiers aux âmes qui, par ailleurs, ont souffert. C'est Palestrina qui le dit à son fils d'adoption, ou plutôt c'est notre poète qui se décerne à lui-même en vers admirables cette consolation si chèrement payée.

> Oui, mon fils, aime l'art, consolateur fidèle,
>   Discret et secourable ami,
>   Qui vient quand la douleur l'appelle
>   Et qui répond quand le cœur a gémi.
> Vous vous entendrez bien... Oui, j'en ai l'assurance.
> Déjà, pauvre orphelin, tu connais la souffrance ;
> Sur ton front de douze ans le chagrin s'est posé,
> Et sur les fronts en deuil l'art volontiers se penche ;
>   D'un sein meurtri le beau s'épanche
> Comme un parfum subtil fuit d'un vase brisé.
> La poésie à flots sort de l'âme souffrante ;
> Comme, au fond des grands bois, quand le pied du chasseur
> Écrase en la foulant une plante odorante
>   La sève saigne et la fleur expirante
>   Embaume l'air avec plus de douceur.

Ame éprouvée et pourtant paisible, âme pure, âme fière et délicate, l'artiste que notre poète a conçu est l'amant passionné, le poursuivant insatiable du beau, de l'idéal ; et cette poursuite qui n'atteint jamais son terme, ici-bas du moins, lui est

un supplice et en même temps un charme préfé-
rable à tout.

> Va, je plains ces heureux, hommes vains et frivoles,
> Dont le poids de l'exil n'a point courbé les fronts,
> Indignes de goûter, parmi leurs gaîtés folles,
> L'ennui sacré qui dort dans tous les cœurs profonds.

Or, cet idéal dont l'âme de l'artiste porte partout
la généreuse inquiétude, il n'a rien de chimérique,
rien de terrestre non plus. C'est la réalité suprême,
c'est Dieu qu'il faut pour la satisfaire.

> D'une céleste faim je la sens consumée.
> Elle a faim de Dieu! Loin de Lui,
> Loin du Seigneur qui l'a charmée,
> 'un accablant exil elle porte l'ennui.

Ne croyez pas pourtant qu'elle méconnaisse ou
dédaigne les beautés créées. Rien qu'à la façon dont
elle en parle, on voit si elle les a senties. Mais elle
ne s'y arrête pas ; elle n'y trouve que des indices
jalonnant, pour ainsi dire, la route indéfinie de
l'invisible au delà.

> Oui, j'aime ces objets : la mer vaste et sereine,
> Les grands monts hardiment découpés dans l'azur,

Et les feux dont la nuit pare son front de reine,
Et le candide enfant au front naïf et pur.
J'aime les chastes fleurs qu'un doux éclat colore,
Que balance la brise en vivants encensoirs,
        Le gai renouveau de l'aurore,
        La majesté calme des soirs.

Tout cela, c'est la joie, — et pourtant la souffrance,
    Car tout cela réveille l'espérance
Et, sans le satisfaire, irrite le désir.
Par ses rayons pâlis, cette beauté mortelle
    Relance l'âme au Dieu qu'elle rappelle.
L'âme bondit, retombe, et ne peut le saisir.

Se recueillant alors dans un profond silence,
    Avec ardeur, presque avec violence,
Elle évoque au dedans l'idéal adoré.
Elle voulait le beau : l'univers le refuse ;
Mais voici qu'une image indécise, confuse,
Apparaît sous le voile à demi déchiré.

    Pour la fixer, cette image flottante,
        Il faut l'attirer au dehors,
        Puis, toute vive et palpitante,
        L'incarner, lui donner un corps.

Alors Buonarotti prend la pierre massive ;
Son génie et sa foi l'enlèvent dans les airs,
Et le dôme effrayant dit à l'âme pensive
Les grandeurs de Celui qui créa l'univers.

    .   .   .   .

> Alors, alors le sombre Dante
> Encor tout frissonnant des jugements de Dieu
> Jette au moule des mots, comme une lave ardente,
> Les sublimes pensers de son âme de feu.
>
> . . . .
>
>
> L'art est un chant d'exil ; il gémit, il soupire.
>   C'est un cri d'espoir : il désire ;
>   Il monte et vole au Dieu vivant.
> Il ne rend du Seigneur qu'une chétive image ;
> Mais l'effort et l'échec sont tous deux un hommage :
> L'art que l'amour anime est un culte fervent...

Dira-t-on que ces idées ne sont pas absolument neuves ? Je rappellerais que, à le bien prendre, il n'y a rien de nouveau sous le soleil. Du moins n'est-ce pas chose rare et vraiment neuve que de savoir traduire la vérité éternelle avec cette opulence d'images et cette profondeur d'accent ? Henri Tricard n'eût-il écrit que ces vers, il serait impossible de nier qu'il était né poète dans toute la valeur expressive du mot.

IV

En un sens vrai, le don natif éclate encore mieux
quand le thème proposé n'offre de prime abord
que peu de ressources, rien qui entraîne et qui
porte, comme peut le faire la donnée de *La Mennais,* par exemple, ou celle de *Palestrina.* C'est où
apparaît cette puissance de l'âme vraiment douée,
qui colore, qui agrandit tout ce qu'elle touche et
sait tirer l'étincelle d'un objet terne et froid en apparence. Voilà pour rendre intéressantes bien des
compositions légères qu'Henri Tricard, s'il eût
vécu, aurait sans doute laissées dormir à jamais
dans son portefeuille, pièces de circonstance écrites,
il faudrait presque dire improvisées, pour égayer
surtout les fêtes intimes de l'exil. On en a déjà vu
des exemples; on en verra encore dans l'appen-

dice ; j'en veux présenter quelques autres avant de finir. Ce sera prendre le poète à l'œuvre et sur le fait.

A part le décor extérieur, le paysage, il offrait peu d'éléments à l'inspiration, ce *Hall* d'Aberdovey, ce casino bâti par un spéculateur quelconque pour des baigneurs qui ne vinrent pas, et devenu, après huit ans d'abandon, l'asile d'une communauté en détresse. Un point seul prêtait quelque peu : le contraste entre les deux destinées ; mais encore fallait-il l'étendre, l'épanouir en images et en sentiment. Notre poète assiste en idée à la construction de l'édifice ; nous sommes au printemps, un matin ; tout s'éveille, la lumière au ciel, le flot sur la plage, les agneaux sur la colline, et ce n'est pas fiction banale, car ils abondaient de fait aux alentours.

L'homme aussi du matin ressent la pure ivresse.
Au déclin du coteau contemplez son labeur.
Là grandissent des murs ; on travaille, on s'empresse ;
La gaîté rit aux fronts où brille la sueur,
    Et du chantier bruyant s'élève
Le refrain familier qui rend l'heure plus brève,
La chanson babillarde et ses couplets joyeux.
    Mais au-dessus de ces chanteurs profanes,

> Voici que, légers, diaphanes,
> Planent d'un mol essor les anges radieux...

L'idée poétique est trouvée : hommes et anges vont chanter alternativement l'avenir profane ou sacré de la maison qui s'élève. Le détail sera relevé, ennobli, poétisé comme l'ensemble, non par des élégances factices et des procédés de style à la manière des pseudo-classiques, mais par le jeu naturel de l'imagination et du cœur.

LES HOMMES

> Des corridors voici que se déroule
> Le long dédale sinueux,
> Et bientôt l'on verra la foule
> Y pousser à grand bruit ses flots tumultueux.

LES ANGES

> Graves dès leurs tendres années,
> Voyez passer, glisser sans bruit,
> Ces jeunes têtes inclinées,
> Ces fronts où la piété luit.
> Sur les parois dont leur route est bornée,
> Brillent des portraits de vieillards,
> Ancêtres souriant aux fils de leur lignée
> Et les suivant de longs regards...

LES HOMMES

Montez, montez, murs du salon de fête
Où le bal va bientôt tourbillonner joyeux !
Que l'orchestre bruyant s'apprête ;
Partout que la lumière éblouisse les yeux ;
Que les fleurs ceignent chaque tête.
Plus de graves pensers, plus de fronts soucieux.
Le monde règne, il commande en ces lieux.
Livrez-vous au plaisir frivole ;
Buvez, buvez l'ivresse folle.
C'est l'ordre qu'a dicté ce maître impérieux.

LES ANGES

Montez, montez, chapelle solitaire,
Lieu de prière, abri silencieux,
Asile aimé des cœurs pieux.
Non, point de bruit, mais l'ombre et le mystère.
Qu'il ne parvienne ici nul écho de la terre :
La bonté du Seigneur y pose un coin des cieux.
Car ce sol, autrefois de Jésus le domaine,
Pleurait son divin exilé.
Jésus revient. Qui le ramène ?
Qui rétablit son autel écroulé ?
Des exilés aussi que ballotte et promène
Le souffle de l'enfer sur l'océan troublé.
Hommes, vous proclamiez la royauté du monde.
Qu'il parte de ces lieux, ce tyran détrôné !
D'un autre souverain la royauté se fonde :
Jésus, roi paternel par ses fils couronné.
Vous parliez de plaisirs et de fêtes bruyantes.

Arrière vos plaisirs et leur éclat mondain !
Des âmes que l'amour a faites clairvoyantes,
Des cœurs fixés au ciel n'ont pour eux que dédain.
Jésus est le seul roi que leur fierté connaisse.
A lui leurs saints élans, leur flamme, leur jeunesse !
Comme un ressuscité qui rejette un linceul,
Ils rejettent joyeux les faux biens de la vie,
Ne voulant qu'un trésor dont leur âme est ravie,
Jésus, perle du ciel, Jésus, Jésus tout seul.

On parle beaucoup aujourd'hui de l'*âme des choses*, et je n'y contredirai pas si l'on entend seulement par là qu'elles ont avec la nôtre une relation de similitude ou d'influence, une harmonie. C'est vérité pure, et l'on est poète précisément à proportion que l'on sait la voir, la sentir et la rendre. Dès lors on a dans les yeux le prisme qui embellit tout parce que du sensible il dégage l'immatériel, du phénomène l'idée et le sentiment, ce qui est la poésie par définition et par nature. Aussi, pour l'âme douée de cette espèce de double vue, il n'y a quasi plus rien de prosaïque, rien de vulgaire ni d'infécond.

Un jour la pensée d'Henri Tricard s'arrête sur l'humble horloge du *Hall*, et de cette rencontre sort comme un flot de poésie familière, à la fois ingénieuse et doucement attendrie.

..... Je songeais : au vieux temps qu'on aimait son horloge !
Comme on faisait briller le bois de sa prison !
Tel un hôte de choix qu'avec honneur on loge,
Elle avait en bon lieu sa place à la maison.

Au bas du balancier, le grand disque de cuivre,
Bien fourbi, ressemblait à l'or étincelant.
Le verre laissait voir et permettait de suivre
Son oscillation au rhythme grave et lent.

Qu'est-ce qu'une pendule ? Un jouet artistique.
La montre est égoïste ; on ne l'a que pour soi.
Le meuble de famille, ô bonne horloge antique,
Le monument qu'on aime, ah ! c'est toi, c'est bien toi.

Que le toit des aïeux vive et possède une âme,
Je le crois, n'en déplaise au sceptique moqueur.
Le sentiment le veut, si la raison réclame.
Oui, oui, la maison vit et l'horloge est son cœur.

Bonne et tranquille aïeule, en qui l'humeur volage
N'imprime point son pas fiévreux, changeant, troublé ;
Aïeule verte encore et qui porte bien l'âge,
Son cœur va bien égal, d'un pas ferme et réglé.

Écoutez, écoutez comme il rhythme la vie,
Calme en son battement sonore et régulier.
Chaque vague de bruit d'une vague suivie
Epand dans la maison son accent familier.

Qu'en oubliant l'horloge on quitte une demeure :
Elle jette aux murs seuls des appels superflus ;
Puis le timbre faiblit, râle sa dernière heure,
Et la maison est morte et le cœur ne bat plus.....

Qui fait la souplesse du talent, sinon l'âme largement ouverte à l'impression changeante des objets ? En revanche, il se montre fort en les marquant de son empreinte à lui, en les pliant sans les violenter à son tour personnel, à ses dispositions dominantes. Dans ces pièces d'allure plus spontanée et de facture souvent bien rapide, Henri Tricard était, selon l'occasion et le thème, enjoué, gracieux, grand et noble, mais toujours avec sa note bien caractéristique, note triple, si mon oreille ne s'y trompe, et où je crois toujours entendre vibrer ensemble l'intelligence élevée d'instinct, l'imagination riche et vive, le cœur aimant, légèrement mélancolique mais surtout pieux. Ne les sent-on pas bien, par exemple, dans ces très simples couplets composés pour dédier à la Sainte Vierge la joyeuse quinzaine des *grandes vacances ?* Ce n'est qu'un rien, et toute l'âme s'y déploie cependant.

Quand le Temple, ô Vierge sainte,
Vous abritait sous ses toits,

Aviez-vous dans son enceinte
Des vacances ? Je le crois.
A cinq ans il faut qu'on rie,
     Et Marie,
Doucement dut s'égayer.
J'en tire une conséquence :
Voici les jours de vacance ;
Il faut les lui dédier.

Elle a grandi douce et pure.
Regardez : sur ses genoux
C'est le Roi de la nature,
Un enfant paisible et doux.
A l'enfant il faut qu'on rie.
     O Marie,
Vous chantez pour l'égayer.
J'en tire une conséquence :
Voici les jours de vacance ;
Il faut les lui dédier.

Jésus a quitté la terre.
Marie, avec Jean, le soir,
Mêlent (suave mystère)
Leurs souvenirs, leur espoir.
Sainte et longue causerie
     Où Marie
S'attarde près du foyer !
J'en tire une conséquence :
Voici les jours de vacance ;
Il faut les lui dédier.

Encore une autre composition d'inspiration toute semblable et de grâce à tout le moins égale. Dans cette bourgade hérétique d'Aberdovey, où l'on trouvait, pour un millier d'âmes, cinq ou six temples de confessions différentes, le principal était plus ancien que la prétendue Réforme ou du moins que sa tardive invasion dans le pays de Galles. Il avait donc été catholique ; il avait abrité l'Hôte divin, et le Novice poète lui faisait exprimer sur un rhythme bien connu ces regrets touchants.

> Combien j'ai douce souvenance
> Des heureux jours de mon enfance,
> Où le Dieu qu'un monde oublieux
>   Offense
> Pour mon autel quittait joyeux
>   Les Cieux !

> Des Séraphins, cour angélique,
> Dans mon enceinte catholique
> Murmuraient leurs chants dans la nuit (1)
>   Mystique ;
> Mais les Séraphins avec lui
>   Ont fui.

(1) Je ne discuterai pas cette licence voulue contre une loi de versification assez peu logique du reste ; mais il n'y avait pas là, ce me semble, de quoi supprimer un couplet si parfaitement gracieux.

Vous qui passez, troupe bénie,
Derniers nés de sa Compagnie,
Priez pour moi, jeunes élus,
    Marie.
Rendez-moi mes trésors perdus,
    Jésus !

Ainsi chantait-on dès les premiers temps d'un exil qui avait pourtant bien ses petites misères, mais qu'embellissait la charité servie quelquefois par le talent. On faisait mieux ; on chantait l'exil lui-même et son heureuse puissance pour resserrer le lien fraternel. Les proscripteurs avaient rêvé la dispersion ; ils ne réussissaient qu'à unir plus étroitement la famille, et sur cette donnée d'expérience quotidienne, le poëte avait bien le droit d'être éloquent.

.... Regardez donc ! Sur la vague écumante
    Passe, calme dans la tourmente,
Une arche où le Seigneur recueille ses élus,
    Jésus s'incline et de son doigt la mène.
Que fait le flot montant de la fureur humaine ?
Il nous élève au ciel et nous porte à Jésus.
    Dans la petite arche bénie
    Où s'abrite la Compagnie,
Vous nous avez conduits, vous nous avez pressés.
    Que votre haine criminelle

> Sert bien de Dieu la bonté paternelle !
>   Qu'ils soient bénis vos décrets insensés !
> Ils ont noué plus fort l'union fraternelle,
> Et l'union des cœurs, sachez-le, c'est en elle
> Qu'est notre force, à nous. — Eh bien ! vous l'accroissez.

Eloquent, il savait l'être encore lorsque la colonie d'Aberdovey recevait la visite de son évêque, Monseigneur Edmund Knight, d'abord auxiliaire du vénérable Monseigneur Brown puis, après lui, titulaire de Shrewsbury. Certes il eût été à l'aise pour louer la distinction singulière et la bienveillance toute cordiale d'un prélat aussi chevaleresque de manières que de nom. Mais peut-être répugnait-il au semblant de banalité qui suit toujours le plus juste éloge. En tout cas, son instinct de poète l'inclinait à prendre les choses par les grands côtés, et ce qui le frappait ici, c'était l'humble pauvreté de cette église catholique du pays de Galles comparée à ses rivales protestantes. Il faisait donc parler ainsi le vieil évêque mourant à son auxiliaire espéré déjà comme successeur :

> Prenez-la de ma main, prenez cette épousée
> Humble, pauvre, sans nom, des mondains méprisée,
>   Mais plus aimable en son obscurité.

Auprès d'elle passant dans leur fière parure,
Les églises d'erreur peuvent railler sa bure :
    L'œil du Seigneur découvre sa beauté.
Qu'importent les mépris de superbes rivales
Qui marchent mesurant d'en haut les intervalles
    Et vont pliant sous leurs habits royaux ?
Dieu flétrit pour jamais du sceau d'apostasie,
Du stigmate brûlant qu'imprime l'hérésie
    Leurs fronts chargés d'étincelants joyaux.

Eloquence, poésie, car les deux puissances n'en font bien souvent qu'une, don précieux de faire saillir des choses le grand et le beau qui sont en elles : voilà qui s'accuse toujours dans les moindres productions d'Henri Tricard et jusque dans ses plus rapides ébauches. Telle pièce, crayonnée quelquefois avec une hâte visible, offre encore les images les plus grandioses ou les mouvements les plus heureux. Voyez le sang de Jésus-Christ coulant partout à la voix du prêtre.

Chaque autel est pour lui comme une source vive ;
Comme un ruisseau, le sang de chaque autel arrive,
Et porte son tribut au fleuve débordant.
Le flot s'enfle, il s'élève, et la nappe sanglante,
Large comme le monde, avance, calme et lente,
De l'Orient lointain vers l'extrême Occident.

Une autre fois, le poète vient de rappeler Albuquerque présentant au ciel pour conjurer la tempête un petit enfant qui se trouve à bord. L'histoire est connue ; l'application en a été cent fois faite ; mais beaucoup la sauraient-ils faire avec ce mélange original de grâce et de force ?

Prêtre qu'à son banquet notre Jésus convie,
Il est venu, ce jour, gloire de votre vie,
O belle aurore ! ô radieux matin !
Un pain sacré vous rassasie
Et, mystérieuse ambroisie,
Le sang d'un Dieu rougit la coupe du festin.

Ce sang, vous en goûtez la virginale ivresse,
Sur le sein de Jésus doucement endormi,
Vous versez votre cœur en longs flots de tendresse
Dans le cœur entr'ouvert de l'immortel ami.

Suit un tableau de l'impiété universelle qui appelle la foudre sur la terre.

Mais la foudre déjà partie
S'arrête en rencontrant l'hostie ;
Elle brise ses traits de feu.
L'hostie ! Elevez-la pour défendre la terre,
Sur le divin autel, dans l'auguste mystère
Dressez-la, blanche et pure entre la terre et Dieu.

De votre bras de chair la faiblesse est profonde ;
Mais, non, luttez sans peur contre Dieu pour le monde ;
Lui-même vous arma d'un pouvoir triomphant.
Hier, il vous remit la victime puissante ;
Il vous donna l'hostie humble, frêle, innocente
Et docile en vos mains comme un petit enfant....

V

A quoi bon prolonger ? Le lecteur est fixé sur la
valeur de ce talent disparu ; il va l'être plus encore
en parcourant les pièces ou fragments qui suivent.
Oui certes, Henri Tricard était né poète, grand poète
peut-être, quelques-unes de ses inspirations per-
mettent de le penser. S'il eût vécu, nul doute que,
malgré la diversité de ses aptitudes et de ses
emplois, son œuvre poétique ne fût peu à peu
devenue considérable ; nul doute qu'il n'eût conquis
une sérieuse renommée, du moins parmi les âmes
assez croyantes pour comprendre en tout la sienne.
Que de projets essayés ou du moins entrevus ! Il
s'étonnait qu'on eût peine à trouver des sujets de
drame ; pour lui son prompt coup d'œil en rencontrait partout dans l'histoire. Toutefois il avait

presque résolu de suspendre ce genre de travail
pour se donner à la composition d'un grand poème
lyrique dont il avait déjà dessiné le plan, esquissé
même quelques morceaux. « Les solitudes de l'âme
religieuse », tel devait être le titre de ce journal
intime. Un peu plus tard, il prit frayeur, moins des
difficultés de l'entreprise que de l'effet probable sur
l'opinion. Ou l'on ne serait pas sincère, pensait-il,
ou l'on risquerait d'étonner, peut-être même de faire
scandale, et il concluait : « Chantons donc le poème
dans notre cœur et taisons-nous. » Mais sauf à
transformer le cadre, il n'abandonnait pas l'idée
d'une grande œuvre mystique, et certes rien ne lui
eût manqué par la suite pour la mener à bien, ni
la doctrine sûre, ni l'observation morale, ni la puissance de l'esprit, ni la piété du cœur.

Quoi qu'il en soit, la poésie, l'art, le talent,
n'étaient à ses yeux que des moyens pour une fin
plus haute. Fidèle avant tout à sa vocation, il entendait bien être apôtre en ses vers comme en tout le
reste ; dans ce qu'on nomme le culte de l'art, il ne
voyait qu'une forme utile du culte de Dieu. Pour
nous le deuil augmente à la pensée de tout le bien
qu'il eût pu faire, et volontiers nous nous étonne-
rions de voir le Maître briser ainsi avant l'heure les
meilleurs instruments de sa gloire. Henri Tricard

avait, lui aussi, l'expérience de ces étonnements douloureux et, à propos de quelques jeunes morts qu'il devait trop tôt suivre, il disait avec son élévation accoutumée :

> Le trépas a ses préférences :
> Toucher les fronts beaux de candeur,
> Briser les frêles espérances,
> Etouffer la précoce ardeur.
> Mais non ; ces coups sont de Dieu même,
> Du Dieu qui les aime et nous aime,
> Et non d'un barbare destin.
> Pour orner les jardins célestes,
> Dieu fait choix de ces lis modestes
> Et les cueille dès leur matin.

Trois ans plus tard, la même Providence brisait en sa personne une espérance non pas frêle, mais déjà magnifique. Il accepta le sacrifice de son fécond avenir et nous enseigna dès lors à l'accepter. Il avait mis dans la bouche de Palestrina, son interprète, ce beau cri de résignation et de zèle tout ensemble :

> Qu'importe que mes chants soient perdus pour la terre ?
> Le Seigneur en aura l'offrande solitaire....
> Heureux pourtant s'il daigne à mon œuvre bénie
> Accorder ce bonheur, cette gloire infinie,

> D'aviver, d'enflammer le virginal amour !
> Tout m'est payé, travail ingrat, heures cruelles,
> Si ma pure harmonie a porté sur ses ailes
> Le soupir d'un seul cœur jusqu'au divin séjour.
> Ce triomphe suffit, il comble mon envie.
> Un cri du cœur à Dieu, cela vaut une vie,
> Et pour tous mes labeurs c'est assez en retour.

Cette consolation ne lui sera pas refusée à lui-même et le peu qu'il nous a laissé de son âme en aidera plus d'une à monter. C'est tout ce qu'il espérait de ses œuvres ; c'est tout ce que j'ai prétendu en travaillant à populariser quelque peu son souvenir.

POÉSIES INÉDITES

L'ART, LA POÉSIE, LE DRAME

———

I

L'ARTISTE

L'Univers est étroit, notre âme est infinie.
La terre est à ses yeux un cachot de proscrits.
Pour embellir l'exil et sa monotonie,
Parmi nous quelquefois surgissent des esprits
Faits de pur idéal, de flamme et d'harmonie.

Attrayant séducteur et maître impérieux,
    L'Art les ravit ; il les prend, les captive ;
Il rend à tous les sons leur oreille attentive,
Il allume un regard pénétrant dans leurs yeux.

L'Artiste ! Il est béni d'une grâce secrète,
Il saisit un crayon. Sa main semble, distraite,
Courir sur le papier, sans calcul, au hasard :
Le pur dessin jaillit et l'esquisse est parlante.
Cette main sur l'ivoire a glissé nonchalante ;
Le chant vibre, on écoute, et l'on songe à Mozart.
   Esprit ouvert et sympathique,
   Toute beauté chez lui trouve un écho ;
Il jouit longuement d'une ogive gothique,
Il goûte l'idéal dans la statue antique,
Admire Raphaël et sent Angelico.
L'Artiste ! Il tient du ciel une âme harmonieuse,
Timide comme un daim poursuivi du chasseur,
Mais sachant se livrer dans sa candeur joyeuse
Et répandre partout sa paix et sa douceur.

— J'en sais une... Mais non. Bénissons en silence
Le Dieu bon qui la mit un jour sur mon chemin ;
A son humilité je ferais violence...
Hélas ! Et je pourrai vous la nommer demain.

II

VERBUM

Un mot, bruit fugitif : que c'est là peu de chose
Un souffle qui palpite et qui vibre un instant !
Analyser les sons dont ce rien se compose,
Quel utile travail ! quel labeur important !

Sans doute, autant vaudrait poursuivre dans l'espace
La bulle de vapeur qui voltige, qui passe,
Racontant ses hasards, tout noter d'un œil sûr :
Rayon qui la dilate ou froid qui la condense,
Ses rencontres, ses chocs et ses bonds, et la danse
Des gouttelettes d'air dans l'océan d'azur.

Un mot ! Cela vaut-il un seul jour, une veille ?
Non, s'il est le son creux que mes vers ont décrit.
Mais dans le son qui va des lèvres à l'oreille
Le verbe passe ailé de l'esprit à l'esprit.

Mystérieux hymen d'un bruit et d'une idée !
L'idée infuse une âme à cet air, à ce vent.
La bouche est comme un arc ; et l'arme débandée
Jusqu'à notre raison, lance le trait vivant !

Le mot ! Le signe humain ! Je conçois qu'il captive,
Qu'il ravisse un esprit philosophe et penseur,
Qu'à son langage enfin, l'âme soit attentive
Et goûte en cette étude une austère douceur.

III

A DE JEUNES RELIGIEUX QUI NE SE SAVAIENT PAS POÈTES

Votre premier trésor, c'est la vive jeunesse,
Cet hymne intérieur toujours prêt à jaillir,
Chant profond où la vie éclate en allégresse,
S'enivre d'elle-même et se sent tressaillir.
C'est l'aurore charmante et qui semble éternelle ;
C'est le blond Séraphin qui, du bout de son aile,
Efface le souci qui vient nous assaillir,
Et par un doux rayon de sa propre lumière
    Rend leur éclat et leur candeur première
    Aux jeunes fronts..., prompts hélas à vieillir.

Mais que vaut la jeunesse et sa rapide flamme
Auprès de cette muse aux surhumains accords,
La sainte pureté, cette jeunesse d'âme,
Ce chant sacré de l'ange enfermé dans un corps !
Ils ont dit, je le sais, ils ont dit, les poètes :

Que si l'on ne connaît les fièvres inquiètes,
Les orages du cœur et ses vastes tempêtes,
Il faut briser la lyre, il faut ne point chanter.
Et moi, je n'en crois pas leur sentence banale ;
J'aperçois, plus haut qu'eux, la muse virginale
Qui me dit : « Vois du beau la splendeur idéale.
Le poète est celui qui la sait refléter.

« Pour refléter le beau, que ton âme paisible
Jusqu'en ses profondeurs transparaisse visible,
Comme on voit au matin briller sous un ciel pur
La mer, presque sans vague, à peine murmurante,
Dans sa limpidité tranquille et transparente
Où le ciel vient se peindre en diaphane azur. »

Près de la chaste Muse en qui la candeur brille,
        Voici, pleine de douceur,
        La Muse de la famille
Qui la tient par la main en lui disant : Ma sœur !
Vous la connaissez bien : à quoi bon la décrire ?
        Vous connaissez sa pudique beauté ;
Vous savez bien qu'elle est tout charme et tout sourire ;
Que la langue du ciel la nomme Charité.

        — Voilà pour monter notre lyre
        De cordes aux charmants accords.
Mais la note sublime, et le divin délire,
        L'enthousiasme et ses transports ? —
Eh bien, ce haut sommet vous trouble, vous effraie ?
Mille fois, en priant, votre amour l'a gravi !

Mille fois palpitante et vraie,
L'Ode sainte éclata dans votre cœur ravi.

Aux marches de l'autel, ou dans le saint mystère
          De la cellule solitaire,
Comme le ciel s'incline et vous entend chanter !
Qu'importe si vos chants sont perdus pour la terre?
Va, monte, ô poésie ! A quoi bon t'arrêter ?
Ne porte pas envie à ces molles haleines
Que l'on voit se traîner lourdement dans les plaines.
Dieu qui te fit pour Lui, te créa pour monter !

Et nous vivons si haut, sur de si nobles cimes !
          Là nous a fixés sans retour
Un livre tout divin, plein de clartés sublimes
Fait de mâle raison et de viril amour. (1)

De sommet en sommet son élan nous entraîne.
Voici l'indifférence à la cime sereine ;
Là notre divin chef arbore l'étendard ;
Plus haut, plus haut encor, attrayant et sévère,
Monte par trois degrés ce rocher du Calvaire
Où l'amour douloureux nous perce de son dard.
Eh bien, sur les hauteurs et dans le libre espace
On respire ; à longs flots on boit un souffle pur,
Et la poitrine s'ouvre à la brise qui passe
Et l'on va plus joyeux marchant d'un pied plus sûr,

(1) Les Exercices spirituels de saint Ignace.

Et soulevé par l'ivresse sacrée,
Notre cœur chante et son hymne inspirée
Sur des ailes de feu s'envole dans l'azur.

Et vous ne saviez pas que vous étiez poètes !
Ingrats ! — Comptez, comptez votre trésor !.....

IV

Sur les flancs du Parnasse aux grands sommets neigeux,
Apollon, de lauriers sa noble tête ceinte,
    Entraînait Hyacinthe,
  Et, souriant, le mêlait à ses jeux.
Soudain le disque d'or part de la main divine,
S'égare et va frapper le bel adolescent.
    De sa blanche poitrine
    Coule un long flot de sang.
  L'Herbe se teint d'une pourpre vermeille.
    Mais le Dieu commande... ô merveille !
Sur ce tapis sanglant paraissent mille fleurs,
  Bouquet splendide, odorante corbeille,
  Où le parfum le dispute aux couleurs.
  Dans la corolle et sur chaque pétale,
Du doux nom d'Hyacinthe une lettre s'étale.
Apollon déplorant une erreur trop fatale
  Par ce prodige allège ses douleurs.

Près du vrai rayonnant combien pâle est la fable !
Dieu fait croître ici-bas, pour nous il a planté
Une fleur où notre œil lit son nom ineffable :
La fleur de poésie, ou la fleur de beauté.
Votre main magnifique en tous lieux l'a semée,
Mon Dieu ! Pour enchanter notre voyage humain,
Riante à nos regards, pure, aimable, embaumée,
Partout vous la placez sur notre âpre chemin.
Le pèlerin bénit la bonté paternelle ;
Il repart plus allègre, et le cœur rafraîchi ;
   Et de la colline éternelle
Le sentier montueux est plus vite franchi.

Comme elle a son parfum, la douce fleur céleste !
Entre toutes les fleurs comme on la reconnaît !
Quel charme pénétrant, calme, intime, et qui reste,
   Qui se ravive et qui renaît !
 Charme bien doux et pourtant toujours grave.
Il ne fait point rêver d'un rêve amollissant,
   Ce parfum subtil et puissant,
D'énervantes langueurs il ne fait point esclave.
Créé pour les sommets, aspirant au ciel bleu,
Il porte nos pensers vers les plus fières cimes.
Il est chaste, en nos cœurs met des amours sublimes,
L'ivresse ardente et pure, et qui s'élance à Dieu.

Et la fleur de beauté, d'où s'envole et s'épanche
  Cette senteur qui nous fait tressaillir,
Elle croît à nos pieds ; l'homme, dès qu'il se penche,
   Sous l'œil de Dieu peut la cueillir.
Mais c'est peu qu'il la trouve en toute la nature :

Lui-même, de son cœur, sublime créature,
          Sait la faire jaillir.
     Car tout cœur d'homme est une terre
Où le germe du Beau repose solitaire.
Il y reste endormi, mais demande à fleurir.
     Qu'une douce main le seconde,
Lui donne ou la rosée ou la chaleur féconde,
Et la fleur va monter, et le sol va s'ouvrir.

PIÈCES DE CIRCONSTANCE

PIÈCES DE CIRCONSTANCE

I

TURPIN LE BON ARCHEVÊQUE

A sa grandeur, Monseigneur Freppel, évêque d'Angers
(1879)

Il est beau, Monseigneur, dans son rude langage,
Il est beau de foi simple et de noble courage,
Ce poème oublié qui chante Roncevaux,
Roland le grand soldat, sa gloire et ses travaux.
Sa langue, je le sais, est inculte et rebelle ;
Mais, bégayante encore, elle est déjà bien belle.
Sa parole est sans art ; mais, pour en tenir lieu,
Il a le double amour de la France et de Dieu.
Avec ces deux amours, mêlant leur pure flamme,
De son vaillant Turpin il a façonné l'âme ;
Ame rude, elle aussi ; pontife, et bon guerrier ;

Sachant frapper du glaive aussi bien que prier,
Aux plus vaillants Français enseignant la vaillance :
Pour mitre, un heaume d'or, et pour crosse, une lance!

Entendez-vous là-bas le galop·du coursier ?
Voyez-vous les païens étincelants d'acier ?
On s'arme ; l'Archevêque au front des preux s'avance :
« Pour Dieu, dit-il, amis, et pour la douce France,
« Les Anges du Seigneur combattront dans vos rangs.
« Aux chrétiens la victoire, et le ciel aux mourants !
« Maintenant, à genoux : ma main va vous absoudre. »
Et cent mille guerriers s'inclinent dans la poudre ;
Tout se tait ; on n'entend que cette grande voix
Bénissant les soldats enrôlés sous la Croix.
Mais du pardon divin s'achève la prière.
Soudain, tout frémissant d'une fièvre guerrière :
« Debout, dit-il, debout ; sus au peuple païen !
« Debout! Pour pénitence, enfants, battez-vous bien! »
Il s'élance lui-même en tirant son épée ;
Dans le sang d'un païen elle est déjà trempée,
Et comme un rouge éclair, on l'entrevoit briller,
Puis abattre d'un coup, monture et cavalier.
L'impitoyable faux fit longtemps son ouvrage,
Et les païens tombaient sur le champ du carnage,
Comme en un jour d'été les épis jaunissants.
Pour sa part de labeur, elle en faucha cinq cents...

S'il dédaigne par trop les règles canoniques,
Il a le bras nerveux, le preux de nos chroniques,
Et la vieille chanson dans son naïf orgueil,

A la mort de Turpin prend des accents de deuil :
« Il n'est plus, l'archevêque à la grande prouesse !
« Non jamais tel vaillant ne chantera la messe.
« Un prêtre comme lui luttant dans les combats,
« Non, jusqu'au dernier jour, nos fils n'en verront pas !»
— La Geste l'a prédit : la Geste s'est trompée.
Le vaillant de nos jours ne porte pas l'épée ;
Il combat cependant sans trêve et sans merci :
La parole est son arme : elle est un glaive aussi !
La brandir n'est qu'un jeu pour cette main puissante,
Et pour tout mécréant, terrible, menaçante,
Elle affronte sans peur les plus fiers combattants.
Plus d'un qu'elle a frappé s'en souviendra longtemps.

I

LE CHANT DE SAINTE WINIFRÈDE, PATRONNE DU PAYS
DE GALLES

Il fait sombre au dehors. Dans l'âtre, le feu brille.
Près du foyer joyeux voici que la famille,
Lasse du poids du jour, en cercle vient s'asseoir.
Voici la douce paix, les doux propos du soir.

Regardez : sur le mur de la pauvre chaumière,
Où le feu vacillant promène sa lumière,
Brillent la grande harpe et ce glaive pesant
Qu'aurait peine à brandir un homme d'à présent.
Harpe et glaive : trésors du vieux pays de Galle ;
Entourés d'un respect, d'une tendresse égale.
Le glaive moissonnait la gloire aux champs gallois
Et la harpe sonore exaltait ses exploits. —

Pourtant ce n’était point le fracas des batailles,
Ni les preux éclatants sous la cotte de mailles
Qu’évoquait ce soir-là le récit des anciens.
La terre a ses héros ; mais le ciel a les siens.
On chantait une enfant dont la touchante histoire
Est de ce fier pays la plus aimable gloire.

Un clerc avait écrit le poème sacré.
Le barde le disait d’un accent inspiré.
Mais qui rendra ces vers dans nos langues vieillies ?
On voit sécher ces fleurs dès qu’on les a cueillies.
Pour l’impuissant effort, indulgence et merci !
        — Or, le barde chantait ainsi :

« Des lueurs du matin le ciel déjà se teinte.
        La clarté grandit dans le ciel,
        Et dans l’air pur, la cloche tinte...
        Déjà Beino monte à l’autel.
Des lueurs du matin le ciel déjà se teinte.
L’Époux divin s’immole, et, par un don pareil,
L’Épouse a répandu son sang, son sang vermeil.

Au logis paternel Winifrède est restée.
Elle est seule, elle prie... O Dieu, quelle douceur !
Mais la Vierge soudain s’enfuit épouvantée :
Un étranger s’avance, un lâche ravisseur...
Et la Vierge soudain s’enfuit épouvantée.
L’Époux divin s’immole, et, par un don pareil,
L’Épouse a répandu son sang, son sang vermeil.

Pareille à la colombe, à la colombe blanche,
Elle fuit palpitante et craint le noir vautour.
Quel sera son abri ? L'oiseau vole à la branche
Qui balance son nid, frêle et mouvant séjour.
        A votre épouse désolée,
        O Jésus, ouvrez le saint lieu.
        A la colombe immaculée
Vos autels pour abri, vos autels, ô mon Dieu !
Vole, vole aux autels, colombe immaculée !
L'Époux divin s'immole, et, par un don pareil,
L'Épouse a répandu son sang, son sang vermeil.

        La Vierge court à la chapelle ;
Et pareil à l'agneau qui vient obéissant,
        Docile au prêtre qui l'appelle,
        Jésus à cette heure y descend.
        Rencontre divine et sacrée !
La chaste Épouse accourt au-devant de l'Époux.
Leur âme de souffrance et d'amour altérée,
    Dans le trépas s'est donné rendez-vous.
        Rencontre divine et sacrée !
L'Époux divin s'immole, et, par un don pareil,
L'Épouse a répandu son sang, son sang vermeil.

Dans le temple, témoin de l'offrande sublime,
        Le prêtre frappe la victime
    Sous le tranchant des mots mystérieux.
    Et sur le seuil, la Vierge poursuivie
        Tombe, défaillante, sans vie,
        Sous le glaive d'un furieux.
    — Lève-toi, viens, ô ma très chaste amante,

Viens à ton Dieu qui s'immole pour toi.
— Je viens, Seigneur, et ma voix expirante
Vous engage ma foi.

Je meurs dans un soupir de flamme
Qui me consume en s'exhalant,
Je meurs pour Vous : prenez mon âme...
Vous m'êtes un Époux sanglant...
Je meurs pour Vous : prenez mon âme.
L'Époux divin s'immole, et, par un don pareil,
L'Épouse a répandu son sang, son sang vermeil. »

C'est ainsi qu'autrefois, dans leur croyance antique,
O Sainte, ils vous chantaient sur la terre celtique.
Mais ces hautes vertus, votre honneur immortel,
Mais ce Dieu par amour immolé sur l'autel,
Aujourd'hui, dans sa foi mutilée, amoindrie.
Ne font plus palpiter votre chère patrie.
Quoi ! ce passé flétri ne peut plus refleurir !
Quoi ! ce peuple qui meurt, Dieu le laisse mourir !
Et que nous laisse-t-il ? La douleur résignée ?
Non, non ! — De votre sang cette terre est baignée ;
Elle porte en ses flancs les restes des élus,
Saints moines, si nombreux qu'on ne les comptait plus ;
Doux prêtres, fiers soldats, purs enfants, vierges pures...
Ils la féconderont pour les moissons futures !
Voilà pourquoi j'espère. — Oui ce peuple gallois
Il reprendra mon Dieu, votre joug et vos lois ;
Nous le verrons bénir les Saints de la patrie,
Le Dieu du Tabernacle et la Vierge Marie,
Et, comme aux anciens jours, sa vieille harpe en main,
Chanter le vieux *Credo* catholique et romain.

III

DOCTOR LIMPIDUS

(A SON MAITRE DE PHILOSOPHIE)

Le fin canot tendait au vent sa voile blonde.
Le vent tiède et léger la gonflait à demi.
Nous allions lentement. La barque, vagabonde,
Nonchalante, glissait sur le lac endormi.
Sous les eaux on voyait les herbes endoyantes
Environnant les rocs de leurs moelleux replis,
Et les poissons nacrés aux couleurs chatoyantes
Et sur le sable d'or les beaux galets polis.

L'un de nous s'écria : Quelques mètres à peine,
Et du fond en plongeant nous foulerions l'arène. —
Par bonheur notre barque est un léger fardeau.
— Le pilote écoutait et dans sa barbe grise

Il riait : « Oh ! Monsieur, quelle est votre méprise !
Sous la quille, en ce lieu, nous avons cent pieds d'eau ! »

— Beau lac, brillant miroir, la brise murmurante
Respectait en passant ta sereine splendeur.
Le regard traversait ta vague transparente
Et ta limpidité cachait ta profondeur.

Père, votre parole est comme lui, limpide.
On écoute. On se dit : « C'est tout simple ! » Et rapide
Le bon sens, qui l'approuve, en écho lui répond.
Mais dans cette doctrine, aux flots purs de cette onde,
Quand la réflexion fait pénétrer la sonde,
On descend, on descend, et l'on dit : « C'est profond ! »

IV

L'ŒILLET BLANC

C'est en quatre-vingt-treize ; un salon d'émigrés.
Dans le calme d'un soir aux doux reflets dorés,
On fait trêve aux soucis. On jase. — La marquise
Etale élégamment sa nonchalance exquise.
Elle songe au pays. « Voici Mai de retour,
Dit-elle ; dans mon parc, l'œillet blanc, mon amour,
Répand sa fine odeur... » Alors, à l'étourdie,
Le chevalier : « Eh bien ! l'entreprise est hardie,
Mais sur un mot de vous je passe le détroit ;
Le manoir n'est pas loin : j'accomplis mon exploit,
Et si ma tête échappe à dame guillotine,
Je rapporte un bouquet pour votre main mutine. »
— « Allez, dit la marquise en riant. Bon succès ! »

On a vingt ans ; on est de race, on est Français.
On aime. C'est assez pour faire une folie.

La nuit même il partait, l'âme allègre, et remplie
De ce charmant émoi, qu'inspire un beau danger.
A travers cent périls, — car je veux abréger, —
Il arrive au château, franchit la haute grille,
Cueille la fleur où tremble une perle qui brille...
Mais on l'a découvert ! Il saute en selle, il fuit ;
Une troupe de gens en armes le poursuit.
Les balles coupent l'air d'un sifflement sauvage.
Lui galope toujours. Il atteint le rivage...
Blessé, mais tout joyeux, le soir il débarquait,
Et la belle marquise avait son blanc bouquet...

En vous aussi l'ardeur est allègre et sereine,
Mais dans vos cœurs la foi met un plus noble amour.
Une plus grande Dame en est la souveraine :
C'est Marie, — et son nom doit embellir ce jour.

Elle aussi, votre Mère, elle a sa fleur chérie,
Blanche fleur parfumée au tissu de satin. —
Quand vous aurez du ciel touché le port lointain,
Vous la lui porterez splendide et non flétrie.

Malgré tous les périls, gardez éblouissant
Ce lis ; jeunes chrétiens, c'est la fleur virginale.
La fleur chevaleresque, et française, et royale,
Que rien ne doit tacher, rien, si ce n'est le sang !

MORALE — FAMILLE — PIÉTÉ

MORALE — FAMILLE — PIÉTÉ

I

LA LIBERTÉ

Quel mot enivrant : Je suis libre !
A ce grand nom de Liberté,
L'âme tressaille, le cœur vibre,
L'œil étincelle de fierté.

Libres ! Vous l'êtes, jeunes hommes,
Dans la foule des asservis,
Nous tous, les baptisés, nous sommes
La race royale des fils.

La passion est une chaîne,
Le plaisir coûte bien des pleurs ;
Il jette autour de l'âme humaine
Ses anneaux sanglants, sous les fleurs.

— Vous, loin de la pâle sirène,
Vous goûterez la chasteté.
Sa douceur virile et sereine,
C'est de vos cœurs la liberté !

L'opinion, dur esclavage,
Pouvoir des lâches respecté !
Vous, secouez ce vil servage :
C'est de vos fronts la liberté.

Captif dans le cachot du doute,
Voir passer de vagues lueurs,
Sentir sous l'implacable voûte
L'angoisse et ses froides sueurs !
— Mais vous, la vérité première
Vous inonde de sa clarté :
C'est, dans les flots de sa lumière,
De vos esprits la liberté.

Pécheurs, le sang divin nous lave
Et son pardon nous affranchit ;
Mais tout vaincu devient esclave,
Malheur à qui cède et fléchit.
Armés de grâce et de doctrine,
Luttez bien : le ciel est l'enjeu.
Le Christ est dans votre poitrine :
Restez libres, enfants de Dieu !

II

Il avait dû quitter sa mère,
De sa maison passer le seuil :
Après le bonheur éphémère,
C'était le veuvage et le deuil...

Parfois l'angoisse maternelle
Que l'âpre solitude accroit,
Montait et s'exaltait en elle ;
Alors elle quittait son toit ;

Elle courait à la demeure
Où, ce jour-là, passant divin,
Son fils s'abritait pour une heure.
— Marie, hélas, pleurait en vain !

(1) Cette pièce était un souhait de bonne année adressé par le poète
à sa propre mère.

Jésus poursuivait son ouvrage,
Ainsi son Père l'ordonnait ;
Sans avoir vu le doux visage,
La pauvre Mère s'éloignait...

Parfois aux labeurs faisant trêve,
Une heure, ils pouvaient se revoir
L'heure s'enfuyait comme un rêve ;
Jésus retournait au devoir.

Même en ces instants d'allégresse,
Il ne livrait pas tout son cœur ;
Il savait trop que la tendresse
Est une énervante liqueur ;
Que par elle une âme affaiblie
Sent bientôt la mélancolie
La pénétrer de sa langueur

Son amour était bien austère,
Mais son amour était profond,
Si grand que de ce doux mystère
L'homme n'atteindra pas le fond.

Quand, dans la nuit, à la lumière
Des étoiles brillant aux cieux,
Jésus répandait sa prière
Sur les sommets silencieux ;

Il disait au Dieu qui console,
Au Dieu qui des veuves prend soin :
« Père, voyez là-bas, bien loin,
« Ce cœur qui souffre et qui s'immole ;

« Ce chaste cœur dont je suis né,
« Ce cœur oublieux de lui-même,
« Ce cœur bon qui m'a tout donné,
« Ce cœur enfin que mon cœur aime.

« Je l'estime un trésor sans prix,
« Après vous, Seigneur Dieu, mon Père,
« Plus que tout cette âme m'est chère :
« Elle est la seule sur la terre
« Qui m'ait connu, qui m'ait compris.

« Par delà ces blanches étoiles
« O Père, dans votre beau ciel,
« Vienne, vienne le jour sans voiles,
« Ce jour qui doit être éternel,
« Où ma tendresse filiale,
« Pourra lutter, libre rivale,
« Avec son amour maternel ! »

III

LA COMPAGNIE DE JÉSUS AU PIED DE LA CROIX

Un siècle d'apostats, dans sa fureur infâme,
Saisissait, reclouait Jésus-Christ sur la Croix ;
Et je disais au Dieu que blasphémaient leurs voix :
Ma part de vos affronts, Seigneur ! je la réclame.

— «Au pied de mon gibet regarde cette femme,
« Enfant ; à mon calice elle a d'augustes droits.
« Je lierai, pour combler le désir qui t'enflamme,
« Ta vie et ses destins par des liens étroits.

« Regarde : qu'elle est belle ! Une rage infernale
« Soufflète sans merci sa face virginale.
« Pâle, calme, et sur moi fixant son œil en pleurs,

« Elle trempe sa lèvre à notre coupe amère,
« Et s'enivre d'amour, d'opprobre et de douleurs.
« N'est-ce pas qu'elle est belle ? Eh bien, voilà ta Mère ! »

IV

LE CHÊNE

(SAINT IGNACE A MONTMARTRE)

— Près de cet humble autel quel vain dessein commence ?
Ces hommes engagés par un pacte impuissant,
Sont-ils donc les jouets d'une aveugle démence ?
— Ils viennent à ce mont fécondé par le sang.

Dans ses flancs consacrés ils jettent la semence,
Et de ce germe obscur sortira grandissant
Un arbre, que le temps verra monter immense,
Que les vents déchaînés battront en rugissant.

Malgré son tronc robuste, il pliera sous l'orage.
N'importe ! L'ouragan, dans sa stupide rage,
Fait revivre le chêne, et lui-même en prend soin.

Secouant furieux la ramure féconde,
Il répand la semence aux quatre coins du monde
Et son souffle ne fait que la porter plus loin.

V

LA CROIX SUR LES MONTAGNES ROCHEUSES

Sur les sommets vêtus de neiges éternelles
Des apôtres vaillants ont arboré la Croix,
Et leurs mains, — qui pour nous sont des mains fraternelles, —
Ont monté le fardeau sans fléchir sous son poids.

La grande Croix, debout sur la montagne blanche
Rayonne, comme un jour le Seigneur au Thabor ;
Et son divin éclat, lumineuse avalanche,
Sur la neige d'argent se répand à flots d'or.

Dans les plaines jadis l'Amérique endormie
A l'ombre de la mort prolongeait son sommeil.
Brille, rayonne, ô Croix ; que ta splendeur amie
A ces peuples sauvés donne un joyeux réveil.

Ah ! ce n'est plus ici notre sénile Europe,
Ce vieux monde lassé qui descend au tombeau,
Qui d'un manteau d'orgueil se pare et s'enveloppe,
Et, sur ses yeux nouant de ses mains le bandeau,
Jure que la foi meurt et n'a plus de flambeau.

O soleil qu'a nié l'aveugle volontaire,
Tourne ailleurs tes rayons dédaignés ou haïs ;
Eclaire, sainte Croix, une plus jeune terre ;
Vois ces peuples enfants à ta splendeur austère
Ouvrir avidement leurs grands yeux éblouis.

Mais qu'un plus large champ de tes clartés s'inonde !
Monte plus haut toujours, monte, phare sacré.
Apôtres, hâtez-vous, et d'un bras assuré
		Prenez la Croix, faix adoré,
Puis cherchez un sommet où votre main la fonde,
Cherchez un piédestal par les cieux préparé,
D'où ses rayons divins couvrent le Nouveau-Monde.

		Elu pour ce rôle d'honneur
		A ce noble destin le Maître vous convie
		Frère ! sans un regret jetez-y votre vie ;
		Partez à l'appel du Seigneur.
		D'un pied ferme marchez sans crainte
Et saisissez la Croix dans une mâle étreinte,
Puis montez ; cherchez-Lui quelque sommet perdu.
Et quand vous l'atteindrez par le sentier ardu,
Si vos pieds sont sanglants, si vos genoux chancellent,
Si des flots de sueur de votre front ruissellent,

Si, — le cœur toujours mâle et fort, —
Les mains, autrefois plus vaillantes,
Pour replanter la Croix travaillent défaillantes...
Et même, si, vaincu par ce dernier effort,
Au pied de cette croix, votre amour, votre gloire,
En poussant un cri de victoire,
En l'étreignant vous tombez mort...

Quand le bruit en viendra sur nos lointains rivages,
Frère, nos larmes couleront ;
Le deuil voilera nos visages ;
Mais nos cœurs... ah ! nos cœurs jaloux vous envîront.

VI

MORT D'UN MISSIONNAIRE (1)

Il a franchi les mers, franchi les plaines mornes,
Franchi les grands cours d'eau qui roulent en grondant ;
De ce vaste univers il a touché les bornes ;
Il vous a vus, ô monts de l'Extrême-Occident.

Vieux monts calmes et fiers sur vos larges assises,
Avez-vous autrefois ressenti dans vos flancs,
    Sous vos replis aux formes indécises,
D'un Océan de feu les tourbillons brûlants ?

Avez-vous vu jamais bondir sur votre pente
Le torrent enflammé qui fuit et qui serpente,
L'avalanche de lave aux flots étincelants ?

(1) Le R. P. Auguste Ruellan, missionnaire aux Montagnes
Rocheuses.

Aujourd'hui votre lave est du moins refroidie.
Eh bien ! Voici venir un apôtre de Dieu
Qui dans son cœur profond recèle un incendie :
Du zèle, de l'amour l'inextinguible feu…

    Capable de vertu sublime,
    Hélas ! capable aussi de crime,
    Fier désir ou vil appétit,
    O cœur de l'homme, ô vaste abîme,
    Qui donc t'a déclaré petit ?
    Ah ! celui-là te calomnie ;
    Il se trompe s'il te dénie
    Une ampleur immense, infinie,
    Toi qui peux aux biens d'ici-bas
    Ouvrir tes régions profondes,
    Et ces fleuves, mêlant leurs ondes,
    O cœur, ne te remplissent pas.

Le cœur de l'homme est vaste, et celui que je chante
    Était grand parmi les plus grands.
Le zèle, tempéré d'une bonté touchante,
    Le brûlait de feux dévorants.

    Quand dans une âme impétueuse et forte
    Un mâle amour s'est allumé,
    Il la prend, la pousse, l'emporte
Et ne meurt pas qu'il n'ait tout consumé.

Voyez se déployer cette force divine.
Voyez l'homme de Dieu. Quels travaux en un jour !

Chasseur d'âmes, partout où fume une chaumine,
Dans la montagne, il monte, il descend tour à tour ;
Il poursuit l'une au fond d'une obscure ravine,
L'autre au sommet perdu que hante le vautour.

Son cheval se refuse à poursuivre : il le presse.
L'éperon l'aiguillonne et l'excite souvent. —
Lui-même n'en peut plus. La fatigue l'oppresse :
— Je souffre ! — Marche encor ! — Je défaille ! — En **avant !**
— Mais c'est trop demander ; à la fin je succombe.
— Et qu'importe après tout ? Dieu t'a fait pour la tombe.
Qu'importe si tu meurs ? Dieu n'est-il pas vivant ?

Comme à coups redoublés il presse sa monture,
Il éperonne aussi le corps et la nature,
Heureux de s'épuiser, de mourir s'il le faut,
Et sur les fiers sommets d'un dévoûment sublime,
Comme sur ses vieux monts à l'imposante cime,
        Montant toujours, toujours plus haut !

        Pour avancer dans la carrière
        Quel élan dès ton premier pas !
        Va donc, âme ardente et guerrière...
        — Mais non. Le ciel ne le veut pas !

        Eh quoi ! Seigneur, dans vos combats
         La lutte est trop peu meurtrière ?
         Quoi ! Vous même, de votre bras
         Vous le couchez dans la poussière ?
         Avez-vous donc trop de soldats ?

— Il lui faut des soldats, mais aussi des victimes ;
Car s'immoler, c'est vaincre, et la croix l'a fait voir.
Il daigne me choisir dans ses décrets sublimes :
Je m'incline ; j'adore, et j'aime son vouloir.

Loin de nous, loin de nous le doute et le murmure !
Il est venu vers moi. Délaçant mon armure
Il a posé sa main sur mon cœur palpitant,
Et mon cœur plein de feu s'est glacé dans l'instant.
     Moi, je baise sa main bénie.
J'étais un travailleur. Ma journée est finie ;
Le maître est bon : je sais le repos qui m'attend.

Certes, je les aimais, et du fond des entrailles,
Ces peuples que mon zèle eut voulu secourir.
Et j'espérais mener de vaillantes batailles.
Je n'étais point venu, pour si vite mourir...

     — Enfant, je t'ai pris pour hostie,
Et ce double triomphe est le prix de ta mort.
En mourant, croyais-tu ton œuvre anéantie ?
Mais ton œuvre est la mienne et je suis le Dieu fort.

Je suis le Dieu vivant. Pour confondre le monde,
Pour ma gloire, j'ai fait ce miracle nouveau.
La mort, quand je le veux, dans mes mains est féconde,
Sur le bois des cercueils je bâtis et je fonde ;
Mon vouloir souverain fait fleurir le tombeau.

VII

LA SAINTE VIERGE ET LA NEIGE

J'aime pour sa blancheur le lis et sa corolle :
J'aime des blancs agneaux la légère toison ;
Mais quand aux jours d'hiver la neige tombe et vole
Au souffle impétueux de la froide saison,
Quand son vaste tapis s'étend à l'horizon,
Au soleil du matin doux et charmant symbole,
Il éclate, plus pur que la pure corolle,
        Plus blanc que la blanche toison.

Telle, en votre candeur exquise et souveraine,
O Mère de l'Agneau, chaste Lis d'Israël,
        Des Vierges vous marchez la Reine.
Votre beauté rayonne et charme tout le ciel.

        La Neige, délicate hermine,
Au plus léger contact voit ternir sa splendeur.
        Craintive aussi, Vierge divine,
Plus que la pureté, vous êtes la Pudeur.

La neige, en amassant ses flocons sur la plaine,
    Y fait régner le silence et la paix.
L'homme glisse sans bruit sur ce tapis épais.
Un char pesant s'avance et je l'entends à peine.
L'âpre vent s'adoucit et retient son haleine.
La terre se réveille et partout dans la plaine
    Règnent le silence et la paix.

Et vous, du Créateur la plus haute merveille,
Vous vous enveloppez de silence et de nuit.
A travers l'Evangile, ô Reine sans pareille,
Qui vous entend passer s'il ne prête l'oreille?
Tant vous marchez discrète et comme à petit bruit!

De la terre, stérile, inerte en apparence,
Par un secret travail le germe croît et sort.
Mais la bise des nuits, trompant cette espérance,
Peut d'un coup le sécher et le frapper de mort.
Regardez : la nature, en mère prévoyante,
    Etend, déploie avec amour,
Comme un vaste manteau, cette neige brillante
Sur les frêles enfants qu'elle doit mettre au jour.

Telle et plus douce encor, plus vraiment maternelle,
La Vierge prend ses fils, les cache, les défend
    Sous son manteau, sur son cœur, sous son aile,
Et plus on est chétif, plus on est son enfant.

Le rude hiver aux champs a ravi leur parure.
Il a flétri les fleurs, desséché le gazon.

Les arbres dépouillés, sans voix et sans murmure,
Rigides, étendant leur sinistre ramure,
Semblent de grands gibets dressés à l'horizon.
Mais la neige descend, et la terre est parée.
Sur les rameaux, des fleurs de cristal et d'argent
Etincellent ; l'éclat de leur blancheur nacrée
S'irise au gai soleil comme un prisme changeant.
La vie est trop souvent un hiver dur et sombre
      Et dans les longs jours de l'exil,
       La tristesse répand son ombre ;
La tempête fait rage et nous met en péril.
Mais la Vierge descend dans la morne vallée ;
    Elle répand le calme dans les airs ;
    Sa main bénit la terre consolée,
Embellit notre exil et fleurit nos hivers.
Joie, espoir et douceur du long pèlerinage,
Sa divine beauté, son amour maternel
      Seront, au terme du voyage,
Quand nos yeux la verront sans voile, sans nuage,
Le plus aimable attrait du printemps éternel.

VIII

PAUPERES EVANGELIZANTUR

Me fuiras-tu toujours, cruelle vérité ?...
Chercheurs, oh ! dites-moi si vous l'avez trouvée !
Voyageuse ici-bas, je suis l'Humanité,
Et ma course m'accable et n'est point achevée !
Bien souvent, les pieds lourds et le front abattu,
    Je m'assieds au bord de la route ;
Là je songe tout bas dans l'étreinte du doute.
Le vrai ! vain mot peut-être, et vain mot la vertu !...
Puis un soudain espoir réveille mon courage ;
D'un désir immortel je ressens l'aiguillon ;
Je me lève et reprends mon bâton de voyage,
Cherchant au fond des cieux quelque tremblant rayon.

Sur la route du temps, j'ai trouvé plus d'un sage.
    J'interrogeais à mon passage
      Ces fronts d'éclairs illuminés,
Et je disais : donnez à cette foule humaine,

Frères déshérités que ma main vous amène.
Vous, riches de savoir, vous, les plus fortunés,
Assouvissez leur faim ; ô mes enfants, donnez !

Plusieurs, — ingratitude amère ! —
Plusieurs avec mépris ont repoussé leur mère.
« Que nous jetions au vent nos secrets profanés ! »
Répondaient les cruels. « Pour l'ignorante foule
Que de nos lèvres le vrai coule !
Non ; le vulgaire est trop léger.
Pareil au papillon frivole,
Autour des fables, gai symbole,
Mieux vaut le laisser voltiger.
Au sage, penseur solitaire,
De s'enfoncer dans le mystère ;
Pour lui seul le plaisir austère
De découvrir et de songer. »
Les insensés l'ont osé dire
Ce mot d'égoïsme et d'orgueil :
Hormis ceux qu'il nous plaît d'élire,
Nul de la Vérité ne passera le seuil !

D'autres, moins orgueilleux, m'ont fait plus doux accueil.
A ma prière suppliante
Ils ont livré leur doctrine brillante.
Enigme qui me fuis, j'allais donc te saisir !...
Hélas ! obscure et bégayante,
Leur parole a trahi mon douloureux désir.
Une langue perfide, — ils la disaient savante ! —
Et qui revêt d'un corps le fantôme rêvé.

Un rideau qui retombe à peine soulevé,
Des systèmes trompeurs où l'on cherche pâture,
        Mais vaine et creuse nourriture,
Voilà dans leurs discours tout ce que j'ai trouvé !...

Que faire? M'arrêter sur quelque froide pierre,
Sur mes yeux fatigués abaisser ma paupière,
Tout oublier ?... Mais non : je ne sais quelle main
D'un geste impérieux me montre le chemin.
Quoi ! de mes pieds meurtris toujours fouler la terre !
Quoi ! tâtonner dans l'ombre et marcher solitaire !
Quel tyran l'a voulu ? Quel despote irrité ?...
Dieu cruel !... Non, mon cœur proteste révolté.
Mais quel astre luira sur ma route obscurcie ?
Quel messager du Vrai me viendra, doux Messie
Quand la nuit fuira-t-elle à sa vive clarté ?
Qu'il vienne, il en est temps, et des peuples sans nombre
Endormis dans la mort et couchés à son ombre
Entr'ouvriront soudain leurs yeux appesantis.
        Qu'il vienne abaisser le mystère
    En souverain l'incliner vers la terre,
Et l'épancher docile au cœur des plus petits !
Devant cette bonté, devant cette puissance,
Un cri retentira dans le monde étonné.
O toi qui dois venir, qui nous seras donné,
L'Univers bénira le jour de ta naissance,
Le plus sacré des jours et le plus fortuné.
Mon cœur pressent le nom dont l'avenir te nomme.
        Mon espoir adore à genoux
La majesté du Dieu dans les charmes de l'homme,
Et la Vérité même habitant parmi nous.

Dans ta puissance souveraine
Je trouve un cachet immortel ;
Le divin transparaît dans ta pitié sereine.
Viens, ô Maître, et ma foi te prépare un autel ! »

Il est venu. — Soudain l'éclair de sa parole
Aux yeux du monde a lui,
Et le monde acclamant sa divine auréole
S'est écrié : C'est Lui !...
Entre des murs jaloux dans une école sombre
D'où les profanes sont exclus,
Qu'un orgueilleux docteur daigne former dans l'ombre
Un groupe d'orgueilleux élus !
C'est aux clartés du jour, c'est à flots que ruisselle
Le discours de Jésus, parole universelle,
Fleuve divin qu'épanche un sein mystérieux.
Point de barrière à sa doctrine sainte !
Le flambeau pour briller veut une étroite enceinte.
Mais le soleil s'élevant dans les cieux,
Répand, vaste océan, ses rayons sur le monde,
Et baigne l'univers de ses flots radieux.
Ainsi tu vas, Seigneur, et répands en tous lieux
Ta vérité lumineuse et féconde.

Que l'amour en ton cœur a des besoins touchants !
Il n'attend point dans une chaire,
Mais cherche impatient la foule qui t'est chère
Et la poursuit dans l'ombre de ses champs,
Dans les replis de la vallée,
Sur la grève où s'endort la mer de Galilée,
Au flanc de la montagne, ou des coteaux penchants.

Tout s'empresse à ta voix, ignorance et sagesse.
Au docteur, à l'enfant tu fais même largesse,
Verbe, pour ton regard tombant de l'infini,
Fiers sommets et vallons confondent leur bassesse;
Jésus pour ton amour tout intervalle cesse,
De ton sein paternel pas un fils n'est banni.
Ta tendresse pourtant souffre une préférence,
        Et tu chéris l'humble ignorance
    Du pauvre obscur que ta voix a béni.

Mais comment abaisser ta vérité sublime ?
Entre ce pauvre et Toi comment combler l'abîme ?
Mais tu veux un miracle en voulant ce bienfait !
Que sans brûler nos yeux ta splendeur nous éclaire,
Que le livre scellé devienne populaire,
Oui, c'est bien un miracle... et pour nous tu l'as fait.
Le Maître a commandé. La parole assouplie
        Cède en esclave sous sa main,
A ses divins pensers se façonne et se plie,
Et l'homme entend son Dieu dans un langage humain.

        A l'âme pure que dévore
        Une mystérieuse faim,
        Mais qui ne peut, trop faible encore,
        Du savoir supporter le pain,
        Tu viens présenter tes symboles
        Et le lait de tes paraboles
        A flots purs coulant de ton sein.
        Par Toi les splendeurs du mystère
        Éclairent à demi la terre
        Dans un lointain rayonnement ;

Vers nous les vérités célestes
Viennent, visiteuses modestes,
Sous un terrestre vêtement ;
Et pareille à la frêle hostie
Qui nous cache l'Eucharistie,
Ta parole est un sacrement.

Quel éclat en jaillit pour notre âme ravie !
A ce fidèle obscur, sages, portez envie ;
Il tient, cet ignorant, le secret de la vie.
Peut-être votre esprit dans le doute étouffant,
Et du monde et de Dieu vont creuser le problème.
Ce chrétien le contemple aux clartés de Dieu même ;
Il le connaît, modeste et triomphant.
Peut-être que du mal l'énigme vous obsède :
Cet écolier qui passe la possède ;
Allez, penseurs, consulter cet enfant !
Quand du port éternel il verra le rivage,
Et dans le sein de Dieu les secrets éternels,
Seigneur, cet humble esprit que forma ton langage.
Il dira : « Je les vois maintenant sans nuage ;
Mais je les connaissais au jour de mon voyage ;
Je les appris, bercé dans tes bras paternels. »

IX

Calice de l'autel, que ta gloire est insigne !
On verse en ta corolle et l'eau pure et le vin.
Le prêtre dit un mot, et le sang de la vigne
A ce mot créateur se change au sang divin.

O calice béni, je t'aime. — J'aime encore
Le précieux ciboire où se cache Jésus.
Pareil au lourd épi qui mûrit et se dore,
Il porte le froment qui nourrit les élus.

Vous ravissez mon cœur, ó ciboire, ô calice,
Vase du pain sacré, coupe du sacrifice ;
Mais l'ostensoir l'emporte, et je l'aime encor plus.

Le Seigneur est en vous ; mais mon amour réclame.
Mon œil vient se heurter à l'or de vos parois.

L'ostensoir transparent le dévoile, et je vois ;
Le nuage s'écarte, et le soleil de l'âme
Frappe, blesse nos cœurs de ses flèches de flamme,
Comme un archer divin au radieux carquois.

La flèche brillante et rapide
Vole et franchit sans perdre sa clarté
Le beau cristal pur et limpide
Où du Seigneur éclate la beauté.

X

L'HOSTIE ET LE PRÊTRE

L'hostie

Au tabernacle solitaire,
Je repose dans le mystère,
Dans le silence du tombeau.
Le voile qui me cache est pareil au suaire
Et la lampe qui brûle au fond du sanctuaire
Pâle, semble des morts le funèbre flambeau.

Et là, je reste anéantie.
Je suis la Victime, l'Hostie,
Qu'on attache à l'autel où son sang doit couler.
Esclave de la loi que je me suis donnée,
Dans l'apparente mort je demeure enchaînée
Comme l'agneau muet qui se laisse immoler.

Et pourtant ce linceul voile une intense vie ;
Cette immobilité, de souverains élans :
C'est d'une faim toujours inassouvie
L'ardeur et les désirs brûlants.

De l'amour anxieux je sens l'inquiétude,
Quand du fond de ma solitude
Je vois tant d'hommes défaillir,
Tant de cœurs qui s'en vont cherchant leur nourriture,
Et ne trouvant que trompeuse pâture
Disent : tout est mensonge et cruelle imposture,
Et par le doute amer se laissent assaillir.

Ames sans nombre, âmes aimées,
Du divin aliment elles sont affamées,
Et les voilà qui vont mourir !
Je suis le pain du Ciel et je puis les nourrir.
Mais, immobile dans mes chaînes,
Je veux, je veux des mains humaines
Pour me porter et pour m'offrir.

Des doctrines empoisonnées
Font pénétrer la mort dans les replis des cœurs ;
Combien d'âmes infortunées
Boivent du mal les trompeuses liqueurs !
Et quelle foule à leur coupe s'enivre !
Mais moi, je les ferai revivre,
Ces cœurs flétris qu'il faut guérir...
Et prisonnière dans mes chaînes
Je veux, je veux des mains humaines
Pour me porter et pour m'offrir.

Le Prêtre

O sainte Hostie, humble et douce victime,
Au secret de mon cœur comme il a retenti,
    Le saint désir, l'appel intime
    Qui du Tabernacle est sorti !
A vos divins labeurs, oui les voilà livrées,
    Ces mains à jamais consacrées.
    Je veux, je veux vous les offrir.
    Pauvres pour vous, elles ont bien loin d'elles
Jeté sans un regret tout ce qui doit périr,
    Chastes pour vous elles gardent fidèles
Ce lis immaculé, que rien ne peut flétrir ;
    Pour vous enfin elles portent joyeuses
    Ces chaînes glorieuses,
Moins fardeau qu'ornement, dont j'aime à les couvrir.

Et maintenant ces mains, riches du bien suprême,
Enrichiront les cœurs que vous voulez sauver,
    Pour réparer l'insulte et le blasphème
Aux regards du Seigneur sauront vous élever.

Fils d'Ignace, ouvrier de la divine gloire,
    Je veux vous porter en tout lieu ;
Passer partout comme un vivant ciboire,
Pour vous donner à l'homme et vous offrir à Dieu.

$$XI$$

A L'AUTEL DU SACRÉ-CŒUR

Homme-lige de Dieu, je vais lui rendre hommage...
Cœur Sacré du Sauveur, c'est devant votre image :
Je la vois... mais la grâce en mon âme a formé
      Une peinture plus vivante
De ce cœur, tel qu'un jour votre heureuse servante
Le vit et l'adora sur un trône enflammé.

Je regarde au dedans... C'est Lui, le sang l'inonde ;
A son côté la plaie est béante, profonde,
Et du sommet s'élance une gerbe de feu.
Il a, ce Cœur royal, son austère couronne :
L'Épine aux dards sanglants le presse et l'environne ;
La Croix y plonge enfin. — Quel spectacle, mon Dieu !

La Croix va s'enfonçant, plongeant comme une sonde,
Et de la plaie ouverte on voit jaillir le sang !...

O muette leçon, j'entends bien ton accent :
Celui-là doit souffrir qui veut sauver le monde ;
L'Apôtre est un martyr, ou demeure impuissant.
La charité ressemble au parfum de Marie :
Il faut briser le cœur qui la doit exhaler.
L'ame n'aime vraiment que saignante et meurtrie ;
La douleur rompt le vase et l'amour peut couler.

Mais une double ardeur, ô Jésus, vous tourmente :
Vos frères, votre Père et les âmes de Dieu.
Pour elles, votre sang ; — pour lui ces traits de feu
Qui montent vers le ciel en gerbe consumante.
Et du bois de la Croix cette ardeur s'alimente...
Aimer Dieu sans souffrir, illusion charmante !
Non ! De l'amour divin ne faisons pas un jeu !

Le sang, le feu, la Croix, le faisceau qui vous presse !
Je le contemple aussi. Mais ô mon Bien-aimé,
(Pardonnez, pardonnez l'audace à la tendresse)
Il gêne le désir dont je suis enflammé.
Oui, devant votre cœur, le mien dans ma poitrine
        Palpite sous l'ardeur divine
        Qui l'envahit pour l'embraser.
Il voudrait... Le dirai-je ? Est-ce trop téméraire ! —
S'unir à vous, Jésus, mon Sauveur et mon frère,
Et là, cœur contre cœur, en paix se reposer !..·

C'est trop douter ! Je cède à ce désir extrême.
Je cède ! — Ouvre-toi donc, ô sanglant diadème :
L'amour enfin l'emporte et bannit tout effroi.
Laisse mon cœur voler au Cœur divin que j'aime,

Puis sur nous deux referme-toi.
Oh ! oui, referme-toi. Car désormais sans crainte
J'attends ta bienheureuse étreinte.
Accrois pour m'enserrer ton effort violent ;
Cercle béni, je te rends grâce !
La douleur dans l'amour, c'est l'Époux qui m'embrasse
Et qui m'est un époux sanglant !

J'ai goûté du Seigneur la douceur souveraine ;
Elle a ravi mon âme, elle a fixé mon choix :
Vœux bénis, liez-nous, liez à triple chaîne,
Venez dans vos replis nous enlacer trois fois !

Un jour, de ce lien les pointes acérées
Tomberont, et ce jour finira nos douleurs,
Et nos chaînes, mon Dieu, par vous transfigurées,
Formeront leurs anneaux de perles et de fleurs.

XII

LA COMMUNION DU MALADE

La lourde nuit se traîne, et, pour d'autres légères,
Les heures, chœur joyeux, rieur et fol essaim,
Pour moi sont de l'ennui les sombres messagères,
M'apportant l'insomnie ou le sommeil malsain.
D'un souffle aride et court ma poitrine respire,
Et parfois quand la toux sifflante me déchire,
C'est un flot empourpré qui jaillit de mon sein.
Après ces longues nuits que remplit la souffrance,
     Avec quel cri de délivrance
Je salue au matin le retour du soleil !
     Mais, ô Jésus, Soleil de l'âme,
Rien n'égale en ardeur, en beauté, votre flamme :
Levez-vous, paraissez, car voici le réveil !

Dieu fort, venez en moi ! la force me délaisse ;
Venez, Ami divin, soutenir ma faiblesse.

Par vous, Cœur débordant de céleste douceur,
Je puis goûter la joie au calice d'absinthe,
Sourire à la douleur, car la douleur est sainte,
L'accueillir et l'aimer comme on aime une sœur.

Hélas ! j'appelle en vain. Il faudrait un miracle.
Votre loi vous enchaîne au fond du Tabernacle,
Prisonnier d'un lien que vous avez formé ;
Et moi, je ne puis plus à la divine Table
Vous aller recevoir, Jésus, Pain délectable :
Nous sommes impuissants tous deux, mon Bien-Aimé !

... Non : la clochette tinte et je vous vois paraître,
Vous venez, vous venez entre les mains du prêtre :
C'est lui qui vous soutient, lui qui nous réunit,
Rapprochant la misère et la Miséricorde...
Quel trésor je lui dois ! Quelle grâce il m'accorde !
Seigneur, bénissez-le, car mon cœur le bénit.

TABLE

—

POÉSIES INÉDITES

ÉMILE COLIN. — IMPRIMERIE DE LAGNY.

* 9 7 8 2 0 1 4 4 5 0 4 2 2 *